MW00769761

Abuela, necesito tus Oraciones

Abuela, necesito tus Oraciones

QUINN SHERRER
RUTHANNE GARLOCK

Vida

$\mathcal{L}$a misión de EDITORIAL VIDA es proporcionar los recursos necesarios a fin de alcanzar a las personas para Jesucristo y ayudarlas
a crecer en su fe.

Publicado en inglés con el título:
Grandma, I Need Your Prayers
por *Zondervan Publishing House*
© 2002 por *Arthur Miller Jr.*

Traducción: *Elizabeth F. Morris*

Edición: *Eliecer Rodríguez*

Diseño interior: *Art Services*

Diseño de cubierta: *Jannio Monge*

ISBN 0-8297-3251-9

Categoría: *Vida cristiana / Familia*

Impreso en Estados Unidos de América
Printed in the United States of America

02 03 04 05 06 07 08 ❖ 07 06 05 04 03 02 01

Contenido

Haré que tu nombre se recuerde
por todas las generaciones;
por eso las naciones te alabarán eternamente
y para siempre.

Salmo 45:17

Introducción

Recibí la noticia del nacimiento de mi primera nieta, Kara Nicole, ocurrido en la isla de Kona, Hawaii, mienras estaba hablando en un centro cristiano para retiros en las montañas de Pennsylvania. Cuando mi compañera de oración fue a buscar el café temprano en la mañana, el empleado del hotel le dijo que durante la noche había llegado el mensaje del nacimiento de Kara.

«¡Eres abuela! ¡Abuela! ¡Abuela!», me gritaba Jane emocionada.

Abuela. Me era difícil comprender el nuevo título que se agregaba a mi nombre. Una nueva identidad. Mis tres hijos se casaron siendo ya mayores, y dos de ellos ya llevaban varios años de casados. A veces me preguntaba si algún día llegaría a ser abuela. ¡No necesitaba preocuparme! Ahora, después de seis años, tengo seis nietos: Uno nació mientras escribía este libro, haciendo que Kara y su hermana Evie tengan un hermanito.

Tres de mis nietos nacieron en el extranjero, así que al principio solo me podía comunicar con ellos dejándoles oír mi voz por teléfono a lo que ellos respondían en silencio o con un susurro. Sin embargo, ahora las tres familias están cerca de nosotros y los nietos me llaman «Mamá Quin».

Rápidamente nuestro hogar se llenó con todo el equipaje que se requiere para el cuidado de los bebés y los pequeñitos: sillas altas, camas para bebés, sillitas para sus necesidades, columpios, portapelotas y una cancha de baloncesto en miniatura. Además tenemos libros para niños que tratan sobre la oración y el desarrollo del

9

carácter, juegos de fonemas, rompecabezas, vídeos y música grabada. De momento me convertí en una niñera, ya que durante un par de años dos de los nietos vivían al otro lado de la calle.

Mi meta es ser la mejor abuela posible y establecer una herencia cristiana que mis nietos nunca olviden. Mientras los mecía, les cantaba y oraba por ellos. Cuando los llevaba a dar una vuelta a la manzana, les decía que al cantar «Aleluya» estábamos orando por los vecinos. Disfrutamos haciendo paradas en el estudio con una banda de instrumentos rítmicos mientras que de un vídeo se oían vibrar viejos himnos. En los veranos me meto con ellos en la piscina de plástico, y en el invierno grito mientras se deslizan por la montaña de nieve en nuestro patio.

Ya que la mayoría de ellos empezó el preescolar, asisto a sus presentaciones y conozco a todos los maestros.

Si pasaras hoy por mi casa, es muy posible que me encuentres sentada en el suelo con dos o tres de mis nietos construyendo estaciones de ferrocarril con bloques plásticos, o tomando un té imaginario en tacitas de porcelana, o sentada en un cuadro de arena haciendo un castillo. Uso mi camiseta preferida que dice: «Las abuelas son niñitas antiguas». Dejo de hacer cualquier cosa que esté haciendo para atenderlos. Si se quedan a dormir, pasamos un buen tiempo hablando y orando. Ahora mismo son las personas más importantes en mi vida a las que puedo influir para los propósitos de Dios.

Tengo una fotografía con decoraciones navideñas de ellos seis rodeándome en la escalera. La llevo a mis viajes fuera de la ciudad, para verlos sonriéndome desde la mesa de noche. El marco de madera, un regalo de mi hija, tiene grabadas estas palabras:

Los nietos traen un rayo de luz a mi corazón
y risas a mi hogar.
Sus visitas serán largas o cortas, pero siempre
recordadas.
Les cuento mis historias y enseguida ellos
me cuentan las suyas.
Mis nietos son los que en verdad me hacen sentir
abuela,
así que estoy eternamente agradecida.
Siempre traen gozo a mi vida.
                              Autor desconocido.

No recuerdo que ninguna de mis abuelas orara por mí. Mi abuela materna murió, exactamente después de que yo, la primera nieta, naciera en su casa. Mi abuela paterna era esposa de pastor, pero nunca supe que orara por sus catorce nietos. Una vez, cuando tenía doce años me senté a los pies de mi bisabuela ciega, sus hermanos habían peleado en la Guerra Civil. Luego de contarme historias de esa trágica guerra, me pidió que guiara su mano para ponerla en mi cabeza. ¿Oró por mí? Me gustaría creer que sí, pero nunca lo supe.

Mi madre, una abuela a larga distancia, pero maravillosa con mis tres hijos, me dejó el único modelo que tengo para imitar. Constantemente se mantenía en contacto con ellos mediante llamadas telefónicas, cartas o tantas visitas como le era posible hacer, siempre dejando que cada uno supiera cuán especial era para ella. Igual que sus oraciones afectaron a mis hijos y nietos, espero que las mías afecten a esta próxima generación.

Una vez vi una fotografía que mostraba las arrugadas manos de una viejecita con una palma abierta tratando de alcanzar la manita de un niño que estaba a solo unas pulgadas. El pie de grabado decía: «Si todas las manos que se extienden pudieran tocarse». Imagino a una abuela, tratando de alcanzar a un nieto para ofrecerle esperanza y amor. Una reciente encuesta indica que casi el noventa por ciento de los abuelos se mantienen en comunicación con sus nietos. Les recomiendo encarecidamente que no solo se mantengan en contacto con los nietos, sino que también oren por ellos.

Si tú eres una de las millones de hispanas con nietos este libro te motivará a orar constante y estratégicamente por ellos, ya sean vecinos o vivan al lado del mismo pueblo, o en la otra parte del mundo. En este libro leerás historias que testifican sobre el notable poder de las oraciones de las abuelas. Cada capítulo contiene pasajes y oraciones relacionadas a temas que te ayudarán a orar regularmente por cada uno de tus nietos.

Ojalá que sientas la motivación y el desafío, a medida que leas sobre abuelas que cuentan cómo oran por los preciosos nietos que Dios les ha dado. Descubrirás, igual que ellas, que la oración hace una gran diferencia en sus vidas.

Quin Sherrer
Colorado Springs, Colorado

1

Ĺa influencia espiritual de la abuela

Al recordarte de día y de noche en mis oraciones... Traigo a la memoria tu fe sincera, la cual animó primero a tu abuela Loida y a tu madre Eunice, y ahora te anima a ti.

2 Timoteo 1:3,5

Si las abuelas se ausentaran de la sociedad, esa sociedad perdería su eslabón con la sabiduría del pasado y las tradiciones que hacen posible que la tribu reflexione en sí misma ... Ser abuela es una experiencia de aprendizaje y enseñanza constante, porque como abuelas, las mujeres deben aprender a aplicar la sabiduría de ayer a los desafíos de hoy.

Kristen Johnson Ingram, *I'll Ask My Grandmother—She's Very Wise* [Le preguntaré a mi abuela, ella es muy sabia]

«¡Mamá, vas a ser abuela!»
Al oír por primera vez estas palabras, la perspectiva de ver desarrollarse una nueva generación te despierta esperanza, amor y propósitos en tu vida. Te espera una gran oportunidad para de inmediato comenzar a orar por el bienestar espiritual, físico y emocional de tu nieto.

Tal vez te estés preguntando si tus oraciones de veras hacen una diferencia en la vida de tu nieto. Yo (Quin) un

13

día tuve un encuentro que me recordó cuánta diferencia hacen las oraciones de una abuela.

«Ella siempre estaba orando por mí...»

—Estoy segura de que usted tuvo una abuela que oraba —le dije al jugador profesional de baloncesto con quien estuve hablando en el aeropuerto de Atlanta mientras esperábamos por nuestro vuelo.

—Sí, la tenía, pero ¿cómo lo sabe? — preguntó mirándome sorprendido.

—Mientras hablábamos la mencionó varias veces, y eso dice cuánto la quiere y admira —le contesté.

—Sí —me dijo suavemente bajando su cabeza—. Cuando mamá se fue, mi abuela me llevó a vivir con ella. A través de todos estos años oró por mí y me animó en cada deporte que probé. Siempre me dijo que si me lo proponía, practicaba durante horas y dependía de Dios para que me fortaleciera, podía llegar a ser un atleta profesional. Y parece que algunas de esas oraciones fueron contestadas.

Ella siempre está orando por mí —continuó con una sonrisa—. Podía llamarla por teléfono desde cualquier lugar donde me encontrara jugando, y enseguida, oraba por mí. Era una abuela maravillosa, ahora está muy viejita, pero sigue orando.

Qué tributo a una tranquila abuelita que derramó su vida y oraciones en el nieto abandonado, sin siquiera soñar que un día se convertiría en un reconocido atleta. Y para las abuelas que oran ¡qué motivación es saber que sus esfuerzos no son en vano!

Cuando el apóstol Pablo escribió (el versículo al principio de este capítulo) a su hijo espiritual, Timoteo, reconoció —para todas las generaciones siguientes— la influencia poderosa de una abuela piadosa. En este libro queremos expandir tu visión para ver hasta dónde puede llegar tu influencia espiritual sobre tus nietos. Es importante mantener una conexión de corazón con ellos, ya sea que vivan cerca o muy lejos. Daremos ideas creativas mediante historias de otras abuelas para mostrarte cómo hacerlo. También daremos normas para establecer una estrategia bíblica para orar por los nietos.

Impacta a la nueva generación

Es posible que la mayoría de las abuelas hayan dedicado lo mejor de sus años para criar a sus hijos. Se sacrifican, preocupan, regañan y motivan, y mediante todo eso, oran pidiendo que Dios mantenga a sus hijos sanos y los ayude a convertirse en adultos maduros. Como dice la autora Barbara Johnson: «Siempre estamos confiando en que algo que enseñamos pueda mostrarse, aunque pensemos que ya es muy tarde».[1]

Quizás algunas, sintiendo que su trabajo ya cesó, se sientan aliviadas cuando los hijos dejan el hogar y luego forman sus familias. Tal vez otras estén tentadas a emplear lo mejor de sus energías para seguir un estilo de vida relajado lleno de viajes y entretenimientos. Algunas pocas quizá se sientan deprimidas y se pregunten por qué parecen carecer de propósito ahora que los hijos dejaron el nido. Cualquiera que sea nuestra situación, Dios aún tiene más trabajo en el reino para nosotras las madres, especialmente cuando se trata de los nietos.

Aunque todavía no los tengas, nunca es demasiado temprano para comenzar a orar por los nietos que ni siquiera han nacido. Ya sea que la criatura solo se haya concebido o sea un lejano sueño, mediante tus

---

[1] Barbara Johnson, *Leaking Laffs Between Pampers and Depends* [Mojaditas de risa entre pañales de niña y pañales de anciana], Word Publishing, Nashville, TN, 2000, p. 21.

oraciones ya puedes comenzar a legar una buena influencia en ese futuro nieto. Ellos son nuestro eslabón al futuro, y nuestra fidelidad para orar por ellos puede impactar esta nueva generación.

Con tanta presión como las familias actuales tienen, más que nunca los nietos necesitan de nuestros abrazos, apoyo y sabiduría práctica. Y más que nada, de nuestras oraciones e influencia piadosa. Por lo general, las abuelas son fuentes dadivosas de regalos para los nietos, pero el regalo mejor y más duradero que se les puede dar es el de la fiel oración. Muchos niños no tienen quién ore por ellos, excepto una abuela.

«Lo que abuela es para mí...»

Cuando pedimos que la gente nos cuente algo acerca de lo que ha hecho en sus vidas la influencia espiritual de una abuela, obtuvimos una variedad de respuestas.

- Mi abuela me daba un sentido de seguridad y estabilidad, y me enseñó muchas cosas prácticas. Como mi mamá era una adolescente cuando nací, era muy joven e inmadura para agregar esa dimensión en mi vida.
- Abuela era mi heroína, siempre recordaba mi cumpleaños y otros momentos especiales de mi vida. Pero sobre todo, oraba por mí.
- Una y otra vez abuela me leía mis historias favoritas, luego yo la dejaba leerme las preferidas de ella en su bien gastada Biblia.
- Abuela Jessie tenía doce hijos y durante la mayor parte de su vida se las arregló para bandearse con una finca, aun así, siempre estaba calmada y serena. Nunca la vi enojarse o levantar la voz. Me dejó con un perdurable sentido de que, no importa lo

que venga, la fe en Dios permanece imperturbable. Nunca nada prevalece contra ella.

• Desde el día en que nací, siempre me siguen las
oraciones de mi bisabuela. Como un reflector celestial, sus oraciones iluminan la oscuridad en mi
vida.

• Recuerdo las noches de los viernes en la casa de
abuela, el modo en que me acomodaba en el col-
chón de plumas mientras oraba por mí. Después
venía la mañana del sábado en la ocupada cocina.
Abuela hacía pasteles y bocadillos de atún para
vender y así ganar un dinero extra para ofrendar a
la iglesia. Ella fue mi primera compañera de oración, y recordar esta intimidad que tenía con el
Señor me dio la seguridad de saber que él está ahí
cuando lo llamo.

• Abuela Bea me trata de acuerdo a la edad que tengo, y no como a un inferior.

• Mi abuela no vivía cerca, pero me escribía muchas
cartas. Cada una terminaba diciendo: «Mantente
cerca al Señor, él viene pronto». Inspirada por sus
cartas me enamoré del cielo y todavía lo estoy.

• Abuela MuMu no hablaba bien el inglés, pero me
encantaba oírla cantar sus queridos himnos fin-
landeses y verla leer su gran Biblia en la mesa del
comedor. Vi su vida como un libro, del cual leí y
aprendí el valor de su carácter maravilloso, compasión y piedad.

• Nunca conocí a mis abuelas, pero Dios puso mujeres en mi vida que me mostraron el poder de una
abuela de oración, y me sirvieron de ejemplo.

• Aún puedo «ver» cada escondrijo y grieta de la
casa de la abuela John. Era un lugar donde a mí
me aceptaban de todo corazón, y sabía que siempre podía ir allí. Cuando la visitaba, ella tocaba el

piano y cantaba himnos, así me pasó el amor por
los himnos que conservo hasta el día de hoy y que
he tratado de pasar a mis hijos y nietos. Me enseñó a amar la vida y a vivirla plenamente, me pasó
el temor y la reverencia que sentía por Dios y por
toda su creación.

Yo (Ruthanne) solo veía a mi abuela McBee en reuniones de la familia de mi mamá, excepto un verano cuando
me quedé con ella y abuelo durante dos semanas. Lo que
más recuerdo de ella es cómo le gustaba leer la Biblia y
preparar las lecciones para la clase de niños que atendía
en la Escuela Dominical. Cuando pienso en ella, la recuerdo como a una mujercita encorvada con un delantal
desteñido y un vestido de algodón, sentada en un sillón
leyendo a la luz de la lámpara. Me maravillé al saber que
el famoso jugador de pelota, Mickey Mantle y un amigo
suyo, a menudo visitaron su clase de la Escuela
Dominical.

Mi esposo John, tuvo una experiencia muy diferente
con su abuela materna, que era hija de inmigrantes irlan-
deses. Él nos cuenta:

Su ancla era la oración

Mis primeros recuerdos más claros de abuela Trotter,
como llamábamos a la mamá de mi mamá, son los de
una visita que nos hizo en Colorado Springs, donde mi
padre era pastor. Yo tenía cinco años. «¿Cuántos años
tienes, abuela?» Le pregunté un día. Después de hacerme prometer que no se lo diría a nadie, me dijo que tenía sesenta y seis, una edad que en aquel momento
me pareció de anciana. Pero unos años más tarde,
cuando tenía once años, llegué a conocer a mi abuela
mucho mejor que la mayoría de la gente.

Por razones de salud, a mi hermana menor, Ruth, y a mí, nos mandaron de vuelta a los Estados Unidos desde África occidental. Vivimos con abuela en una pequeña casa de pobre construcción en Nueva Jersey, mientras que mis padres estaban terminando su último año, de un término de cuatro, como misioneros en el territorio del norte de Ghana.

Durante ese año me convencí de la profunda fe de abuela, su amor por la Biblia, y su disciplina para orar. Con toda fidelidad celebraba diariamente los «devocionales familiares» para nosotros tres y a menudo hablaba sinceramente respecto a las cosas espirituales. Aprendí de ella el concepto de que, para un cristiano la oración es central y no auxiliar. Además, ese año estuve consciente por primera vez de hablarles a otros acerca de Jesús, y llevé a varios niños vecinos a aceptarlo como Señor.

Abuela estaba acostumbrada a la austeridad, y se las ingeniaba con muy poco. Sembramos papas, tomates, zanahorias y col cerca de nuestra casita, la cual se calentaba mediante una calefacción de carbón en el sótano. Un bloque de hielo en una hielera mantenía la leche fría. Se cocinaba en una estufa de carbón. Abuela era seria y hasta a veces severa, pero nunca me trató mal. No recuerdo una risa más bulliciosa que una risita entre dientes. Su misión era cuidarnos, y era muy diligente en esto. Ese año tuve varias recaídas con paludismo y ella fue mi enfermera.

A pesar de todo el trabajo de la casa: cocinar, limpiar, la jardinería, lavar y poner parches a la ropa y zurcir medias, tenía poco tiempo libre. Cuando estaba bien, mi trabajo era mantener el fuego de la calefacción y quitar los insectos de las papas en el jardín. En su tiempo libre, la abuela se dedicaba a leer la Biblia y orar. ¡Qué diligente era para interceder por Ruthie, por mí y por mis padres que estaban tan lejos! Y cuando oraba, de alguna forma se sabía que Dios estaba oyendo.

Cuando abuela Trotter murió, con más de noventa años de edad, yo era misionero en África y no la había visto durante años. Como adulto nunca tuve la oportunidad de pasar tiempo con ella. Pero al recordarla, reconocí que fue como una roca de estabilidad para mí durante esa época de niñez enfermiza, pobreza e inseguridad. Ella fue un ancla para mi vida, y su ancla era la oración.

Fines de semanas especiales

Abuela Mary, que vive en Alaska, todos los años pasa un fin de semana especial a solas con su nieta Nicole. Esta tradición comenzó cuando su nieta cumplió cinco años. La abuela de Mary era de sangre india Haida, y pasaba mucho tiempo enseñando a Mary cuando esta era una pequeñita. Mary considera que pasar un fin de semana especial con Nicole es una forma de dejar su herencia a su única nieta.

Después que Mary y Nicole se registran en un hotel, van de compras, a nadar y por último se visten para ir a cenar en un restaurante. Entonces regresan al hotel para pasar el mejor de los momentos hablando durante horas antes de irse a dormir. Hablan de temas tan diversos como orar por los proyectos escolares de Nicole, hasta por su futuro esposo.

El fin de semana siempre es una sorpresa para Nicole, su mamá es quien lo decide ya que conoce el calendario de actividades de su hija. De pequeña, llevaban muñecas indias para jugar. Mary usaba una muñeca «abuela» de pelo gris para hablarle a la muñeca niñita acerca de los modales, edificación del carácter, principios bíblicos y las decisiones futuras que algún día Nicole tendría que tomar. Pero ya las muñecas se han dejado a un lado, y Mary y Nicole de quince años, hablan de mujer a mujer.

«Mientras oro en voz alta por ella, le pido a Dios que revele su plan para la vida de Nicole, igual que hizo mi abuela cristiana cuando yo era joven», dice Mary. «Una vez, cuando Nicole tenía nueve años, la llevé a un retiro cristiano donde tenía que hablar, y allí tuvo una profunda experiencia espiritual con el Señor».

Mary siempre espera este momento, ya que le da la oportunidad de derramar verdades espirituales y bendiciones en la joven vida de Nicole. Además, la instrucción cara a cara ayuda a cultivar los talentos y dones que Dios ha puesto en su nieta. Cuando lleguen las tormentas de la vida, Mary sabe que Nicole conocerá que los brazos del Señor la rodean y sostienen, igual que los brazos de su abuela la han rodeado, guiándola durante todos estos años.

Las dos pasan otros momentos juntas, pero cada año siguen reservando este fin de semana especial. Mary dice que ha visto el carácter de su nieta desarrollarse muy bellamente mientras que conversa con ella por teléfono o personalmente acerca de los propósitos de Dios para su vida.

Imparte bendiciones

La doctora Mary Ruth Swope, escritora y nutricionista, tuvo la influencia de la piadosa vida de su abuela. Cuando Mary Ruth solo tenía seis meses, abuela Lutz vino a vivir con la familia. Desde que llegó, comenzó a orar por la nieta bebé. A medida que Mary Ruth crecía, su abuela Lutz no solo oraba en voz alta con ella, sino que también jugaba, le leía historias y la ayudaba a memorizar poesías. Ambas disfrutaban las muchas horas que pasaban juntas mientras que la abuela Lutz le enseñaba a coser, tejer con dos agujas, hacer ganchillos, encajes y acolchar. Más adelante Mary Ruth reconoció que su abuela se convirtió en un modelo ideal.

A medida que Mary Ruth pensó en el tremendo impacto que su abuela había tenido en ella, anheló impresionar de manera similar a Daniel, su nieto de siete años. Sin embargo, a causa de la distancia que los separaba, era imposible para ella estar con él regularmente.

Así que se le ocurrió una idea: ¿Por qué no comenzar a bendecir a su nieto cada vez que hablara con él por teléfono? Esa sería una manera de trasladar sus valores personales y espirituales a Daniel, cuando no estaba con él.

Eso fue exactamente lo que hizo. Las primeras dos veces que ella lo bendijo con versículos bíblicos por teléfono, Daniel contestó: «Gracias, abuela». Pero la próxima vez que ella lo llamó, después de hablar por un rato, él le preguntó: «¿No me vas a bendecir hoy?». Su corazón saltó cuando se dio cuenta que Dios le estaba confirmando lo importante que había sido para Daniel la bendición, así que cada semana continuó la tradición.

Cada vez que oraba, enfocaba un área diferente, oraciones de bendiciones por su salud física, sus necesidades espirituales y emocionales, sus intereses educativos, y sus relaciones con las amistades y los miembros de la familia. Hacer esto regularmente hizo que Mary Ruth se sintiera más cerca de su nieto.[2]

En la actualidad Daniel es un violinista dotado que, además compone música, y aún agradece las oraciones y bendiciones de su abuela, las cuales sigue recibiendo regularmente.

Para los hijos o hijas en los tiempos de la Biblia, recibir una bendición del patriarca de la familia era un acon-

[2] Dr. Mary Ruth Swope, *Bless Your Children Every Day* [Bendice a tus hijos todos los días], 4a. Edición, Enterprises, Inc., P.O. Box 1290, Lone Star, TX 75668, pp. 13-16. Usado con permiso.

tecimiento. Por ejemplo, Jacob no solo impartió una bendición a cada uno de los doce hijos, sino también a dos de sus nietos (Génesis 48:15-16, 20). Y Jesús abrazaba a los niños, los bendecía imponiéndoles las manos. (Marcos 10:13-16).

El autor Gary Smalley explica más este principio:

La bendición de una familia incluye:
- Toque significativo
- Un mensaje hablado
- Conceder «altos valores» al que se bendice
- Visualizar un futuro especial para el que se bendice
- Un compromiso activo para cumplir la bendición.

Cuando Dios nos bendijo con el regalo de su Hijo, fue el Verbo (Palabra) que «se hizo hombre y habitó entre nosotros» (Juan 1:14). Dios siempre ha sido el Dios de la palabra enunciada.

La bendición es una práctica muy antigua, pero aún conserva claves importantes que otorgan aceptación genuina. Desde la bendición al recién nacido, hasta palabras especiales de amor y aceptación por cada niño, la bendición sigue siendo parte de la vida actual en la familia judía. Para los padres [y abuelos] cristianos que tienen la esperanza y realidad de Jesús, el Mesías, y su amor, sus bendiciones serán aun más poderosas.[3]

Beth, la madre de los adolescentes Anna y Abram, fue bendecida al tener abuelos piadosos mientras crecía. La abuela Louise y el abuelo Don tenían más de noventa años de edad, y antes que el Señor se los llevara a su nueva morada, Beth quiso que los abuelos impactaran la

---

[3] Gary Smalley y John Trent, *La bendición*, Editorial Betania, Nashville, TN, 1990, pp. 24,29,37 (en inglés).

vida de sus hijos. Así que viajó con ellos dos desde Colorado hasta California, a visitar a los bisabuelos de los niños y les pidió que impusieran sus manos sobre Anna y Abram para bendecirlos.

«Me alegro de haber hecho este viaje antes que abuela Louise muriera», dijo Beth. «Abuelo Don, que ahora tiene noventa y cuatro años, vive en un hogar de ancianos, pero cada mañana se despierta animado por lo que Dios hará en ese día. Dirige una clase de Biblia para personas más jóvenes que vienen a aprender de su sabiduría. Hace poco, mi esposo fue a visitar al abuelo, solo para arrodillarse a sus pies y pedirle que le impusiera sus manos y le impartiera bendiciones en su vida. Tenemos una maravillosa herencia».

Bendiciones y oraciones de compromiso

Dee se sintió muy feliz al saber que su hija, Dena, estaba en estado, por primera vez sería abuela. Abuelo Dick Eastman, presidente de *Every Home for Christ* [Cristo para cada hogar] y autor de varios libros sobresalientes acerca de la oración, creyó que debía ayunar durante todo el mes de octubre, el mes en que Dena daría a luz su primer nieto.

Una semana antes de la fecha del alumbramiento, cuando Dee acompañó a su hija para un examen prenatal, los médicos notaron que el bebé estaba en una posición opuesta a la normal. En pocas horas le tenían que hacer la cesárea. El futuro abuelo Dick, que ya tenía ocho días de ayuno, estaba fuera del pueblo, pero Dee lo llamó inmediatamente para pedirle que orara.

En el hospital, mientras los médicos preparaban a Dena para la cirugía, el monitor conectado al bebé, a través del vientre de la madre, mostró que su ritmo cardíaco estaba descendiendo. Preocupados por la salud del bebé aún sin nacer, Dee, su yerno y los padres de este, se reunieron alrededor de la cama de Dena para orar por ella y por el bebé. Pidieron que el corazón del bebé funcionara correctamente, que viviera y que Dios les diera sabiduría a todos los que estaban involucrados en el proceso del nacimiento. Entonces, mientras John se quedó con su esposa, los demás fueron al salón de espera para continuar orando.

Luego de algunos momentos de ansiedad, John fue al salón de espera, llevando en brazos a su hijo recién nacido para presentar al pequeño Jack a su abuela Dee y a sus bisabuelos. «Estaba completamente sano y era hermoso, por lo cual alabamos a Dios», dijo Dee.

Dick continuó en ayuno durante ese mes, al mismo tiempo que oraba por el bebé Jack. El último día del mes, abuelo Dick y abuela Dee se reunieron con los padres de Jack en su hogar para celebrar un culto especial de oración y bendición por el bebé.

Como guía para sus oraciones, escogieron el libro *Living and Praying in Jesus' Name* [Cómo vivir y orar en el nombre de Jesús], del cual Dick era coautor. Los padres y abuelos del bebé Jack repasaron la lista de treinta y un nombres bíblicos para Jesús, orando porque estos atributos de la naturaleza y carácter de Cristo se desarrollaran en su vida. Las bendiciones se dijeron con palabras de promesa asociadas a cada título. Dick terminó con una oración de consagración por su nieto.

La mayor parte del tiempo abuela Dee cargó al bebé mientras oraban y lo bendecían. El pequeño Jack, para sorpresa de todos, no emitió ni un gemido y mantuvo sus ojos abiertos mirando a cada uno de los presentes durante las dos horas que pasaron orando. Grabaron en un vídeo este acontecimiento para que cuando Jack crezca pueda ver el servicio de oración y sepa que esto es parte de su herencia espiritual.

«Creo que tengo el deber de hacer esto por cada uno de los nietos futuros, así que en broma les pedí a mis dos hijas que me hicieran el favor de limitar el tamaño de sus familias», dice Dick riéndose. «¡Al fin del mes estaba muriéndome de hambre!»

A continuación están algunos de los treinta y un nombres bíblicos de Jesús por los cuales la familia oró por Jack:

- Un muro de fuego (protección) —*Zacarías 2:5*
- Un cimiento firme (estabilidad) —*Isaías 28:16*
- El camino, la verdad y la vida (propósito) —*Juan 14:6*
- El Señor de paz (consuelo) —*2 Tesalonicenses 3:16*
- El maná escondido (provisión) —*Apocalipsis 2:17*
- Mi roca (refugio) —*Salmo 31:3*[4]

Un recuerdo perdurable

Cuando yo (Ruthanne) me casé con mi esposo, John, él era viudo, un padre soltero que se apoyaba mucho en la familia de su difunta esposa buscando el respaldo emocional que le pudieran dar a sus dos hijas, luego de la muerte de su mamá. Esa familia me aceptó con los brazos abiertos, y pronto me di cuenta que la abuela de mis hijastras, Rains, ejercía una fuerte influencia espiritual en la vida de todos sus nietos, no solo las dos de nuestra casa. Una de ellas, Jill, nos cuenta sus recuerdos de esta matriarca excepcional que vivió ciento dos años:

«De niña, a menudo pasaba la noche en la casa de la abuela Rains. A la hora de dormir nos arrodillábamos delante de la cama para orar. Primero ella daba gracias por

---

[4] Dick Eastman y Jack Hayford, *Cómo vivir y orar en el nombre de Jesús*, UNILIT, Miami, FL, p.10 del libro en inglés. Usado con permiso. Véase el libro para la lista completa de los nombres de Cristo.

nuestra salud, el hogar y por las muchas bendiciones. Luego oraba por las respectivas familias de los seis hijos, una por una, comenzando con el mayor y mencionando por su nombre a cada uno de los miembros de la familia.

»Cuando llegaba a la quinta hija —que murió antes que yo la conociera— oraba por el tío John, que se casó con la tía Ruthanne, y por sus hijos. A ellos les dedicaba tiempo extra porque eran misioneros y vivían en el extranjero, y para abuela, ellos eran santos. Cuando terminaba de mencionar por nombre a cada hijo(a), sus cónyuges y cada nieto(a) y biznieto(a), yo casi estaba dormida. ¡Me parecía que *nunca* terminaría! Durante años oí sus oraciones, y siempre prestaba atención para ver si por accidente se le escapaba alguien, pero eso nunca sucedió.

»Crecí y me casé. Durante un tiempo mi matrimonio estuvo en crisis, le pedí a la abuela que orara por mí. Me iba a dormir sabiendo que ella estaba de rodillas orando. Qué consuelo tan maravilloso tenía sabiendo que no importaba cuán numerosa fuera nuestra familia, siempre tenía a una abuela en oración. ¡Todos los hijos debieran tener esa bendición!»

Siembra semillas

La Biblia nos enseña: «No olviden las cosas que han visto sus ojos, ni las aparten de su corazón mientras vivan. Cuéntenselas a sus hijos y a sus nietos» (Deuteronomio 4:9). Siempre que es posible, yo (Quin) trato de enseñarles principios piadosos para las vidas de nuestros seis jóvenes nietos.

A menudo le digo a uno de ellos: «Dios tiene un propósito para tu vida, estoy orando para que te prepare para eso». Aunque sean muy jóvenes para comprender las implicaciones de mis palabras, estoy sembrando la semilla para su futura comprensión. De hecho, en la pared de la

cocina he colgado una placa con este versículo: «El Señor cumplirá en mí su propósito» (Salmo 138:8). Lo he
personalizado y se lo repito una y otra vez a cada nieto:
«El Señor cumplirá su propósito en ti, Samuel».

Podemos motivar a nuestros nietos para que desarrollen las habilidades que Dios les ha dado, orando por
ellos y enseñándoles a hablarle a Dios, incluso cuando
son pequeñitos. Escribí la historia de nuestra familia
para pasarla a mis nietos y así ayudarlos a entender su
herencia espiritual. Además, mantengo un diario separa-
do donde anoto las cositas que les oigo decir o las obser-
vaciones que indican su comprensión del mensaje del
evangelio. Oro pidiendo que esta tradición se extienda
hasta sus hijos.

Como muchos abuelos, en nuestra casa tengo una colección de libros cristianos para niños, vídeos y cintas
grabadas. ¡Desde luego que se los leemos, los leemos y
los leemos a nuestros nietos! La historia de la caída de
las murallas de Jericó es tan emocionante para nuestros
nietos como debe haber sido así para los niños hebreos
testigos de ese acontecimiento hace miles de años. Una
y otra vez ellos representan la escena en nuestro estudio
mientras tocan trompetas de juguete y observan caer las
grandes murallas de bloques.

Oraciones para una cosecha espiritual

Nuestra abuela escribió cómo disfrutaba cuidar a dos de
los nietos después que terminaban en la escuela elemental y esperaban hasta que su mamá volviera del trabajo.

«Siempre he creído que nosotros, los abuelos, podemos impartir a nuestros nietos verdades espirituales
más profundas que nuestros hijos, ya que son más de
veinte años más jóvenes», dice ella. «A veces siento que
estoy viendo los sucesos en esas vidas jóvenes desde

una perspectiva diferente a las que tienen sus padres. Dios me ayude a ver las circunstancias desde su punto de vista, y luego me muestre cómo orar con discernimiento».

Es verdad. Los abuelos que tienen una cimiente fuerte de la fe, demuestran mediante su estilo de vida cómo encarar las tormentas de la vida diaria. A menudo la intervención de una abuela en la vida de un nieto que está experimentando inestabilidad en el hogar es crucial para su supervivencia. Pero tal vez el papel más importante de una abuela es simplemente orar fielmente por esos niños, sabiendo que las semillas de oración que sembramos hoy darán una cosecha de bendición en el futuro.

Nuestro compromiso para orar por nuestros nietos y bendecirlos, siempre que sea posible, tendrá un impacto en sus vidas en numerosas maneras positivas. Pero más que esto, nuestras acciones para esa generación tendrán una influencia durante muchas generaciones futuras. No podemos perder esta tremenda oportunidad que Dios nos da.

Oración

Señor, te doy gracias por la influencia espiritual y práctica que tengo sobre la vida de mis nietos. Aunque no los vea a menudo, te pido que el tiempo que estemos juntos, personalmente o por teléfono, sea de calidad. Muéstrame cómo bendecirlos, motivarlos y estar disponibles para ellos. Te ruego que me reveles cuándo y cómo orar por su bienestar espiritual, físico y emocional. Quiero ser una abuela piadosa que ellos puedan emular. Gracias por capacitarme para hacer esto. Amén.

Pasajes bíblicos de ayuda

Sean, pues, aceptables ante ti mis palabras y mis pensamientos, oh Señor, roca mía y redentor mío.

Salmo 19:14

Cada generación celebrará tus obras
   y proclamará tus proezas.
Se hablará del esplendor de tu gloria y majestad,
   y yo meditaré en tus obras maravillosas.
Se hablará del poder de tus portentos,
   y yo anunciaré la grandeza de tus obras.

Salmo 145:4-6

Reconoce, por tanto, que el Señor tu Dios es el Dios
verdadero, el Dios fiel, que cumple su pacto generación tras generación, y muestra su fiel amor a quienes
lo aman y obedecen sus mandamientos.

Deuteronomio 7:9

Oración de las Escrituras

Señor, te pido que mis nietos [nombres] mantengan firme la esperanza que profesamos, porque fiel es el que
hizo la promesa [Hebreos 10:23].
   ¡Gracias por tu fidelidad!

Citas bíblicas relacionadas al tema

Deuteronomio 11:18-21; 30:19-20; Proverbios 31:25-27.

Clave para oraciones esenciales

Hace años, cuando asistía a una conferencia de escritores, me senté (yo, Quin) a la mesa donde íbamos a comer, frente a Catherine Marshall, a la que admiro desde
hace mucho tiempo. Ya que conocía su reputación como
autora y también como una madre de oración, con toda
intención le pregunté: «¿Me pudiera dar algunos consejos sobre cómo orar más eficientemente por mis tres
hijos?»

«Sé tan específica como puedas en tus oraciones, y siembra oraciones de espera por el futuro de tus hijos», me aconsejó. Luego me preguntó: «Cuando oras, ¿esperas que de veras suceda algo?»

Reflexioné acerca de esta pregunta: Cuando oras, ¿esperas que de veras suceda algo? ¡Ahora y sin duda alguna te digo que sí!

No solo escuché su consejo, sino que fui a casa y comencé a escudriñar la Biblia para leer todo lo que podía encontrar acerca de la oración, mientras oraba por mis hijos y esperaba los resultados. Ahora, muchos años más tarde, uso estos mismos principios bíblicos en mis oraciones por mis nietos. Aquí les digo algunas cosas que hago durante mis momentos de oración privada. Estoy segura de que puedes añadir otras cosas a esta lista.

Ser explícita. Hago oraciones prácticas y específicas por mis nietos. Esto lo baso en la parábola de Jesús que cuenta acerca de un hombre que despierta al amigo a media noche para pedirle exactamente tres panes para su huésped inesperado.

Ser persistente. El hombre de la parábola toca continuamente hasta que su amigo sale de la cama para responder a la petición. Esto no quiere decir que tenemos que vencer una renuencia de parte de Dios para contestar oraciones. Más bien, esta parábola nos anima a ser audaces y persistentes cuando oramos. Jesús dijo: pedid, buscad y tocad; un proceso continuo de pedir, buscar y tocar (Lucas 11:8-10). Me encuentro orando con insistencia hasta ver una solución a la situación de mi nieto.

Orar en común acuerdo. Normalmente oro con un compañero de oración (mi esposo, una amiga cercana, o un equipo de oración) para orar en acuerdo acerca de una necesidad apremiante. Jesús nos da un patrón para orar en acuerdo (Mateo 18:19-20). Durante diecisiete años oré con otra madre por teléfono, cinco minutos, cinco días a la semana. Éramos solo dos madres preocupadas por el bienestar espiritual y físico de nuestros hijos. Ya que esto fue una experiencia tan positiva, cuando me convertí en abuela, comencé a orar con amigas abuelas. Oramos con regularidad y por teléfono por los nietos de ellas y los míos. A veces me comunico por correo electrónico si hay una crisis como un nieto en el hospital.

Basarse en la Biblia. A medida que conocemos mejor la Biblia, conocemos mejor a Dios y entendemos cómo orar mejor de acuerdo a su voluntad. Aprendemos lo que él dice acerca de la salvación, la salud, los valores de la familia, la vida abundante en la tierra y las promesas del cielo. Con frecuencia encuentro un versículo bíblico que puedo convertir en una oración por la necesidad específica de un nieto. Los Salmos son un buen recurso para comenzar con oraciones bíblicas.

Ser sensible al Espíritu Santo. Después de ascender a los cielos, Jesús nos mandó el Espíritu Santo para ayudarnos a orar por lo que pesa en el corazón de Dios. Cualquiera que sean las circunstancias o crisis de nuestros nietos, invitamos al Espíritu Santo para mostrarnos cómo orar. A veces nos encontramos orando por cosas que jamás «imaginamos» por nuestra cuenta (Romanos 8:26-27).

Someterse al plan de Dios. Nunca debemos presumir que Dios nos va a contestar de acuerdo a nuestras ideas preconcebidas y dentro del horario que fijamos. Presumir quiere decir dar por hecho que Dios me tiene que contestar en la forma que yo quiero y de acuerdo a mi horario. En contraste, la fe es la habilidad sobrenatural de confiar en Dios cuando ha hablado a mi corazón, confiando que se cumplirá su voluntad en su horario y a su manera. Muchas veces esta «confianza interior» o nivel de fe, viene luego de pasar mucho tiempo en oración, escuchando su voz y esperando en él.

Ser agradecida. Presenta tus peticiones a Dios con acción de gracias, agradeciéndole por adelantado la respuesta a sus oraciones de acuerdo a su voluntad (Filipenses 4:6).

Estar dispuesta a ayunar. Los que muestran suficiente seriedad como para abstenerse voluntariamente de la comida, han encontrado que el ayuno y la oración rinden uno o más de estos resultados: dirección y respuesta de Dios, una comprensión más profunda de las Escrituras, un andar más cercano a Dios, más humildad, una sanidad o hasta incluso la liberación. Si tienes un problema físico o tomas medicinas, ten cuidado con la clase de ayuno que practiques. Además de los alimentos, existen otras cosas de las cuales podemos privarnos para concentrarnos en un proyecto de oración.

Confiar en él siempre. Cuando las circunstancias que rodean a nuestros nietos no parecen tener esperanzas, podemos admitir que: «No podemos? ¡No sabemos qué hacer! ¡En ti hemos puesto nuestra esperanza!» (2 Crónicas 20:12). No sabemos cómo o cuándo vendrá la respuesta a nuestras oraciones, pero lo alabamos por su amor y misericordia. ¡Siempre es muy pronto para dejar de orar![5]

---

[5] Adaptado de Quin Sherrer, *Milagros de la oración*, Editorial Vida, Miami, FL, 1999, pp. 15-17.

2

Ora por su desarrollo espiritual

Le pido que, por medio del Espíritu y con el poder que procede de sus gloriosas riquezas, los fortalezca a ustedes en lo íntimo de su ser, para que por fe Cristo habite en sus corazones. Y pido que, arraigados y cimentados en amor... que conozcan ese amor que sobrepasa nuestro conocimiento, para que sean llenos de la plenitud de Dios.

Efesios 3:16-19

Con los adelantos tecnológicos disminuyendo nuestra capacidad emocional para enfrentar la vida, los niños pueden ser una verdadera molestia. Quieren nuestra atención en los momentos más inoportunos. Hacen ruido cuando queremos quietud. Hacen preguntas seguidas sin parar. Los niños no son convenientes. Sin embargo, son regalos exquisitos, sin abrir, que solo esperan una palabra para abrirse como las flores antes del sol.

Fawn Parrish, *Honor: What Love Looks Like*
[Honor: Se parece al amor].

Como abuelos, tenemos una maravillosa oportunidad de ayudar a guiar a nuestros nietos en los caminos del Señor y motivarlos en su crecimiento espiritual. ¡Cómo anhelamos que Cristo more en sus corazones, incluso durante sus primeros años!

Si la relación de un niño con Dios se arraiga profundamente mientras es muy jovencito, es menos probable que los años tormentosos de la adolescencia debiliten los fundamentos. Podemos fortalecer los cimientos al fomentar una autoimagen saludable y mostrar aprecio cuando nuestros nietos dan evidencia de los rasgos de su fe y toman decisiones sabias. Cuando alcancen más años, podemos dejarles ver que estamos orando para que se cumpla el propósito que Dios tiene planeado para ellos.

En este capítulo aprenderás de la experiencia de otras abuelas respecto a cómo influir en tus nietos, dándoles el ejemplo y también cómo orar eficazmente por su desarrollo espiritual.

Bendición desde el momento del nacimiento

Carol se sintió honrada cuando la invitaron a estar presente en el salón de alumbramientos, al nacer cuatro de sus nietos. Dos fueron por cesárea y en el salón había cierto grado de tensión mientras que ella, de pie, oraba por la paz y el sano nacimiento de su próximo nieto.

«En el caso de las cesáreas, me paré detrás de la madre para orar en silencio a medida que el equipo quirúrgico se reunía», dijo Carol. «Seguí orando durante la administración de la anestesia y el parto. Cuando el bebé llegó, pronuncié una oración en voz alta dando gracias y bendiciendo, por su nombre, al recién nacido y confirmando su bienvenida a la tierra y a nuestra familia».

Arlene nos contó que pidió específicamente que Dios le permitiera estar presente durante el nacimiento de cada uno de los nietos e incluso sus nueras le pidieron que las acompañaran personalmente en el salón de alumbramientos.

«Pedí que el Señor me diera sabiduría para saber cuándo comprar los boletos de la aerolínea, cosa necesaria en algunos casos», dijo. «Dios me permitió llegar a tiempo a los nacimientos de mis ocho nietos. Cada vez que entraba al salón para los partos, daba gracias a él por ser el Señor de nuestras familias, de las vidas de los nietos y de todo lo que sucediera en aquel salón. En cada alumbramiento declaré el pacto de la sangre del Cordero de Dios y oré a favor de cada nieto en contra de cualquiera obra del enemigo. Pedí que Dios impartiera su amor y paz a todos los que estaban en el salón quirúrgico y que ayudara a los médicos a ser "diestros artesanos" mientras hacían sus tareas».

Arlene se refiere a un nieto, que nació prematuro, como su bebé milagroso. «Reclamamos que todos sus días fueran diseñados de acuerdo al Salmo 139:16. Estaba segura que viviría porque el Señor me había destacado el versículo: "Y Dios el Señor formó al hombre del polvo de la tierra, y sopló en su nariz hálito de vida, y el hombre se convirtió en un ser viviente" (Génesis 2:7). Estamos muy agradecidos porque este niño ahora tiene nueve años y es muy saludable».

Muchas de nuestras amigas abuelas se esfuerzan por estar presentes durante el parto de un nieto, especialmente ahora que los hospitales, por lo general, permiten la presencia de los miembros de la familia en estos salones. Sienten que esta es una forma de legar una bendición espiritual.

A medida que los nietos crecen, se les puede hablar acerca de Dios en un nivel comprensible para ellos. Tal vez cuando los acomodas en la cama, o cuando juegas baloncesto con un adolescente en un parque. Se les puede dejar saber que la Biblia es el libro más importante que hay en el universo, y que tiene las respuestas a todas sus preguntas. También se puede conversar acerca del valor de la oración, citando ejemplos de cómo Dios ha respondido a oraciones específicas de la familia.

Los abuelos pueden contribuir al desarrollo espiritual dándoles libros, vídeos, juegos y rompecabezas que se basen en principios bíblicos; hay centenares disponibles para cada edad. Varias veces al año, yo (Quin) llevo mis nietos a una librería cristiana y los dejo elegir libros o vídeos de cierto precio como un galardón por algo que hayan hecho. Otras veces les compro lo que sé que les gusta y se los escondo hasta que vienen de visita.

Tenemos mejores oportunidades para las charlas espirituales cuando se quedan en mi casa a pasar la noche y me ruegan que les narre un cuento antes de dormir. Normalmente elijo con anterioridad temas como los ángeles, alimentar a los pobres, ser un buen samaritano u obedecer a sus padres. Luego de leer la historia, les hago preguntas y conversamos acerca del relato.

Como abuelos, podemos obtener ideas, consuelo y apoyo en la oración de otros creyentes y cosechar grandes galardones cuando vemos resultados tangibles en el crecimiento espiritual de nuestros nietos.

Intercede por su salvación

Orar por nuestros nietos significa interceder por ellos. Es decir, interponernos entre ellos y Dios, pidiendo su intervención en todas las situaciones de sus vidas. Muchas de las abuelas que oramos denominamos esto «ponernos en la brecha de la oración» por los nietos.

Si tus nietos aún no conocen al Señor, ora con toda seguridad que la voluntad de Dios es que ellos lo acepten. El propósito esencial de Jesús al venir a la tierra fue «buscar y salvar lo que se había perdido». Él no quiere que nadie se pierda, sino que todos lleguen al arrepentimiento.[1]

Para guiar a tus nietos a recibir a Jesús en oración, puedes hacerlo con una oración similar a esta:

[1] Lucas 19:10; 2 Pedro 3:9.

Jesús, creo que eres el Hijo de Dios que vino al mundo a morir en la cruz por mis pecados y se levantó de entre los muertos. Te ruego que me perdones todas las cosas malas que he hecho, como yo perdono a todos los que me han herido. Te acepto como Señor y Salvador y pido que seas mi mejor amigo. Ayúdame a vivir a tu agrado. Gracias porque un día estaré contigo en los cielos. Amén.

Promueve el carácter cristiano

Un día Lyden, de cinco años, me visitó (a mí, Quin); su primo de cuatro años le hizo algo que a él le molestó mucho. «Perdóname, mamá Quin», dijo, «tengo que apartarme y darle a Jesús este enojo». Al poco rato volvió sonriendo. «Esto es lo que mamá dice que tengo que hacer cuando me pongo tan bravo que no aguanto más. Tengo que entregar mi enojo para que Jesús me lo cambie por su paz», me explicó.

Pocos días después estaba de visita en mi casa cuando de nuevo se enojó. Le pregunté: «Lyden, ¿no necesitas entregar esa ira a Jesús y pedirle perdón?» Siempre quiero apoyar las reglas de su mamá y animarlo a honrar a sus padres.

Mientras oramos, podemos parafrasear Efesios 4:2-3 de esta forma: «Señor, ruego que mis nietos sean siempre humildes y amables, pacientes y tolerantes unos con otros en amor. Que se esfuercen por mantener la unidad del Espíritu mediante el vínculo de la paz como tu Palabra nos enseña».

Cómo aprender a las rodillas de abuela

Nuestra amiga JoAnne recuerda que a los cinco años se sentaba en una pequeña banca junto a las rodillas de su abuela para aprender el Padrenuestro y una y otra vez oír la lectura de la Biblia. Su abuela le enseñó a memorizar los Salmos y los viejos himnos de la iglesia.

«Por la noche, cuando me acomodaba en la cama, abuela Ida oraba largamente dándole gracias a Dios por el día pasado», decía JoAnne. «Me despertaba por la mañana y me pedía que me uniera a ella en el "amén" luego de orar alabando a Dios por el nuevo día. Ella decía: "¡Buenos días, Dios! Este es tu día y durante todo él encontraré razones para alabarte". Se detenía para hablar con Dios sobre cualquier cosa que se presentara durante el día, conversaba con él como si estuviera allí mismo en el cuarto. Me persuadió a creer que efectivamente estaba ahí. Hizo que Dios fuera tan real como el vecino. Siempre que me era posible iba a su casa a pasar la noche porque me quería sin reservas de ninguna clase».

Abuela Ida enseñó a JoAnne a hablar con Jesús como con el mejor amigo y le aseguró que cuando creciera, Jesús podía ayudarla a ser una mujer de Dios. Hasta el día de hoy, JoAnne ora como lo hacía su abuela, hablando con Dios en tono conversacional y ofreciendo muchas acciones de gracias y alabanzas.

«Ya soy una abuela con canas, y todos los días oro por mis nietos», dice JoAnne. Solamente los veo una vez cada dos años, pero sé que mis oraciones los impactan y que puedo entregarles un legado espiritual mediante conversaciones por teléfono. Sirvo de mentora a un par de madres jóvenes y las enseño cómo orar por sus hijos. A veces siento que he adoptado a sus hijos como nietos míos.

Algunas abuelas, al contrario de JoAnne, tienen la bendición de ver a sus nietos más a menudo. En la siguiente historia, Sandy nos cuenta una oportunidad inesperada para servir de mentora en la vida práctica de su nieta. Como estas oportunidades a menudo vienen sin avisarnos, necesitamos estar alertas y listas para sacarles el mayor de los provechos.

Una «buena abuela»

Durante varios años, los nietos de Sandy vivían tan lejos que pocas veces los podía ver. Fue un día muy feliz cuando su yerno consiguió un traslado en el trabajo y la familia se mudó bastante cerca pudiéndolos visitar con más frecuencia. Sandy prestó sus servicios de niñera para así estar con ellos.

Un día Julie, su nieta de diez años, le pidió ayuda para hacer una tarea escolar. Le dijo: «En las clases hemos estado estudiando acerca de las diferentes emociones. El maestro ha pedido que cada alumno elija una y presente un informe a la clase sobre la misma. Pero con la que escoja, quiero usar versículos de la Biblia. Abuela, ¿me puedes ayudar?»

Sandy, muy contenta, registró la Biblia con su nieta de quinto grado explorando las muchas posibilidades de elección. Al final Julie tomó una decisión.

«Muchos niños en mi clase no tienen paz ni alegría», dijo. «Si presento algunos de estos pasajes, sabrán que Dios se las dará». Eligió dos o tres versículos de los muchos que abuela Sandy la ayudó a buscar.

Pasados unos días, Sandy llamó a su nieta para saber cómo la clase había recibido el informe. «Algunos de los niños se rieron cuando hablé acerca de Dios», le contó Sandy. «Pero no importa, porque tengo paz y gozo y los que se reían no los tienen. Pero ahora ya saben en dónde lo pueden conseguir».

A Sandy le agrada que Julie tenga tanto interés en que sus amigos conozcan al Señor. Desde temprano decidió que además de orar por sus nietos, quería estar activamente involucrada en sus vidas para ejercer una influencia espiritual positiva en ellos.

«Una razón por la cual tengo tanto empeño en esto es que mi experiencia con mi abuela fue muy negativa», dijo. «Cuando era niña, abuela vivió con nosotros durante algún tiempo, pero siempre estaba de mal humor y era intolerante. Si a ella le desagradaba algo que yo hacía, me daba con su bastón. Una vez se puso brava porque mi amiga y yo estábamos corriendo en la casa y nos tiró agua fría. Decidí ser «una buena abuela» y tener una relación cariñosa con mis nietos. Disfrutamos jugar juntos y ellos siempre sienten la confianza de venir a decirme cualquier cosa que les molesta. Y esto me ayuda a saber cómo debo orar por ellos.

Una abuela dice que ella usa el Salmo 112 para orar por los nietos y Proverbios 31 para orar por las nietas. También pide estas cuatro cosas por todos ellos:

1. Que no prevalezca ninguna arma que se forje contra ellos.
2. Que tengan un encuentro divino con sus futuros cónyuges.
3. Que siempre ella los pueda animar.
4. Que algún día puedan pararse ante Jesús y decir: «Te he glorificado en la tierra; he terminado la obra que me diste para cumplir».

La semejanza a Jesús

Abuela Joyce tiene tres nietos que viven en unas islas en el Pacífico del sur donde su papá es un dentista misionero. Los ve una vez al año o cada dos. Cuando nació su primer nieto, Joyce oró pidiendo que creciera a semejanza de Cristo basándose en Lucas 2:52: «Jesús siguió creciendo en sabiduría y estatura, y cada vez más gozaba del favor de Dios y de toda la gente».

«Sentí que este versículo reveló un caudal de rasgos deseables para mi nuevo y bello nieto», dijo. «Así que escribí su nombre en esta página de mi Biblia y comencé a repetir ese versículo al orar diariamente por él».

Hoy, David tiene casi once años y ahora hay otros nietos: Olivia, Hanna y Katie. Durante años, esta ha sido la oración más constante de la abuela Joyce por todos ellos, con la ayuda de Dios mostrándole cómo aplicarla a las circunstancias y necesidades específicas de sus vidas.

Ella ora así: «Señor, te agradezco que a David le vaya bien en la escuela. Pero te pido que a medida que aumenten sus años, aprenda más y más a atesorar "las riquezas de la sabiduría y del conocimiento de Dios" (Romanos 11:33)».

He aquí otros ejemplos de cómo orar usando Lucas 2:52:

«Padre, al mudarse tan lejos, dales la habilidad de hacer amigos nuevos y buenos, y que gocen del favor de los niños en la nueva aldea.

»Padre, sé que quieres que aumenten en estatura. Te ruego que también les toques sus cuerpos y los sanes de los ataques de asma.

»Señor, ayuda a mis nietos para que sigan reconociéndote como su fuente y que elijan caminos que los conduzcan a tu gracia».

A medida que oraba a través de los años, algunas de las peticiones más obvias generadas por estos pasajes eran que los nietos pudieran:

Crecer en sabiduría como resultado de:

- No confiar en su propia inteligencia
- Leer la Palabra de Dios y memorizar versículos
- Obtener el don del discernimiento
- Aborrecer lo malo y aferrarse a lo bueno
- Tomar decisiones sabias a diario
- Buscar primeramente el reino de Dios

Crecer en estatura al:

- Buscar la protección y provisión de Dios
- Aprender a comer bien y hacer ejercicios
- Decidir nunca abusar de sus cuerpos con drogas o alcohol
- Reconocer que Dios es el sanador

Crecer en favor con Dios al:

- Desarrollar con él una relación personal desde una temprana edad
- Buscarlo de todo corazón
- Obedecer sus mandamientos
- Amar a los que están perdidos sin el Salvador
- Exhibir los frutos del Espíritu

Crecer en favor con los hombres al:

- Obedecer a sus padres
- Respetar las autoridades
- Desarrollar una personalidad positiva y anímica
- Demostrar compasión por los dolidos
- Tratar a los demás como ellos mismos quieren ser tratados

Edifica la fe de tu nieto

A veces el crecimiento espiritual de un nieto se desarrolla de maneras inesperadas durante días ordinarios, como lo ilustra la próxima historia.

Cuando abuela Judy por fin volvió a casa, luego de una cirugía para extraerle un tumor del cerebro, tenía que permanecer muy quieta. Los nietos venían a su habitación para hacerle visitas breves, pero ella ni siquiera podía virar la cabeza para mirarlos.

Marshall, de seis años, quería que su abuela hiciera

algo con él. Así que ella le sugirió jugar al barrendero [Nota de la traductora: juego durante el cual se busca una lista de «tesoros»], como solían hacer juntos.

—Busca una cesta, trae todo lo que encuentres en el bosque y cuéntame qué hallaste —le dijo. Y luego le preguntó qué quería él encontrar.

—Una punta perfecta de flecha —le contestó inmediatamente.

—Entonces oraré para que obtengas el deseo de tu corazón —le dijo cerrando los ojos.

Un par de horas más tarde volvió Marshall con sus tesoros: «¡Abuela, no vas a creer lo que hizo Dios!» dijo muy emocionado. «¡Mira! ¡No una sino dos puntas perfectas de flechas!»

Estaba ayudando a su abuelo a limpiar el patio cuando encontró la primera. La inspeccionó con cuidado, y efectivamente, estaba perfecta. El abuelo no podía recordar ninguna otra ocasión en que alguien hubiera encontrado una flecha en ese lugar. Marshall volvió y comenzó a recoger hojas y basuras en el mismo sitio. Allí encontró la segunda punta de flecha, sin defectos a pesar de los años o los elementos. Luego le enseñó a la abuela las demás cosas que encontró: plumas, piñitas y piedras raras.

«La fe de Marshall aumentó considerablemente esa tarde cuando vio cómo Dios contestó una petición por la que él y su abuela habían orado», dijo ella. «Incluso algo tan difícil como encontrar exactamente lo que él quería en una tarde y jugando. Ahora ya tiene doce años y todavía mantiene sus dos puntas de flechas en una cajita de "tesoros" como prueba de una oración contestada».

Ya la abuela Judy está bien, y a menudo acompaña a Marshall en algunas aventuras más allá de los árboles queridos. Juntos hacen viajes de oración a diferentes países durante los cuales ella le enseña cómo orar por las naciones del mundo.

Una forma normal de comenzar el día

Charlene dice que ya sus nietos andan por los veinte años de edad y por lo tanto las oraciones para cada uno de ellos son diferentes. «Algunos elementos de mis oraciones permanecen iguales. Oro por los más jóvenes acerca del desarrollo de su personalidad. Por los adolescentes oro acerca de su cónyuge futuro y sus carreras. Por los adultos oro acerca de su andar y ministerio».

Cuando abuela Charlene pasa la noche con los nietos, ora con ellos antes de acostarlos.

«Siempre le agradezco a Dios haberme dado una nieta y gozar de la relación que ella y yo disfrutamos. Pido que Dios la cuide dándole salud, seguridad y prosperidad, que ciegue sus ojos a la tentación y que siempre alguien la sorprenda en cualquier falta que cometa. Pido que el Padre llene a esta niña con su Espíritu Santo y la evidencia de uno o más frutos del Espíritu como rasgo de su carácter. Por ejemplo: "Padre, te ruego que llenes a Molly con tu Espíritu Santo y que la ayudes a ser bondadosa y amable con todos".

»Me levanto temprano en la mañana para orar y leer la Biblia. Esto quiere decir que cuando los nietos se levantan y salen de su habitación, yo estoy en mi butacón orando. Con frecuencia vienen y se me acurrucan mientras termino. Les leo unos versículos y oro en voz alta para que aprendan que esta es la manera normal de comenzar un día.»

Preocupación por la fe de los adolescentes

Una encuesta reciente demostró que muchos adolescentes tienen conceptos espantosamente erróneos acerca del cristianismo y la verdad de la Biblia. Una razón más para que los abuelos oren por ellos durante estos años turbulentos.

«Los adolescentes piensan que han aprendido y absorbido todo lo que la fe cristiana les ofrece y no se cuestionan acerca de sus creencias espirituales», dice el investigador George Barna. «Entre los adolescentes seguiremos encontrando perspectivas de fe bien intencionadas, pero mal informadas, que conducen a decisiones erróneas y confusión espiritual. Como estos serán los líderes futuros de la iglesia, nos debe preocupar la sustancia de la fe que a lo largo comunicarán y practicarán». Barna también dice que «los adolescentes son más propensos que los adultos a creer en la salvación por las buenas obras y sostener que Jesús fue un pecador».[2]

La necesidad de orar por el desarrollo espiritual de la generación más joven es evidente. Queremos ayudarlos a entender que la salvación solo viene por la fe en Cristo. Y esto es posible porque Jesús vivió sin pecar y murió voluntariamente para pagar así por los pecados de todos los que lo confiesen como Salvador.[3]

Nuestra próxima historia es el ejemplo de un adolescente que se alejó del Señor. Más tarde, sin embargo, se dio cuenta que su vida carecía de la fe de su abuela, la fe que una vez conoció.

Antes de comenzar a ir a la escuela, Kevin y sus padres vivieron en la casa de la abuela Eva durante dos años. Eva y su madre lo llevaron a la iglesia y le enseñaron los caminos del Señor durante aquella temprana edad. Luego, cuando alcanzó los años adolescentes, Kevin dejó de asistir a la iglesia, excepto por algunas visitas ocasionales. Pero la abuela Eva siguió orando por él.

Cuando Kevin tenía dieciocho años, fue testigo del poder de la oración. La madre de su mejor amigo se quedó

[2] *Teens Don't Embrace Truth* [Adolescentes, no busquen la verdad], The Church Around the World Newsletter [El boletín de la iglesia alrededor del mundo], enero 2001, p. 1.

[3] Romanos 10:9-10 y 1 Juan 1:9; 2:2.

inconsciente mientras visitaba a unos conocidos. La llevaron en avión a un hospital de su ciudad, pero durante más de una semana los médicos no pudieron diagnosticar el problema. Cuando Kevin la visitó, se impresionó mucho al verla inerte e insensible. Entonces pasó por la casa de la abuela Eva.

«Abuela, necesito que me hagas un favor», dijo mientras le contaba su preocupación. «¿Orarás? Si fuera mi mamá no quisiera que le pasara algo así, ni mucho menos que muriera.»

«Por supuesto», le dijo Eva. «Pero no oraré yo sola por este problema, sino que oraré contigo pidiéndole a Dios que restaure la conciencia de la madre de tu amigo y que su familia y los que la cuidan sepan que esto fue obra de Dios.»

Los dos oraron juntos en la casa y luego Kevin volvió al hospital. No había pasado una hora de su llegada cuando la mujer abrió los ojos y preguntó dónde estaba.

«Esto ocasionó un impacto permanente en mi nieto», contó Eva. «Ahora reconoce que Dios es la respuesta a nuestros problemas y que responde a nuestras oraciones. Creo que cuando se instruye al niño en los caminos del Señor, este llegará a la vejez sin abandonarlo».

Señor, protégelos del engaño

¿Cómo relacionarse y orar por los nietos que se han criado en un camino religioso diferente? Abuela Flo está luchando con este problema, ya que su nuera lleva a los hijos a los cultos de su familia, que de acuerdo a Flo, no parecen basarse en la Biblia.

«Decimos a los nietos adolescentes que nuestra preocupación principal es que ellos tengan una relación personal con el mismo Jesús, la que tuvieron cuando de jóvenes asistían a la iglesia con nosotros», decía Flo. «Oro todos los días para que Dios siempre los tenga cerca a él y los proteja del engaño. Animamos a los jóvenes para que mantengan una vida de oración. También buscamos oportunidades para hacerles sentir el amor de Dios y dejarles saber que estamos orando por ellos».

Los nietos que crecen y se educan en este siglo veintiuno están sujetos a tentaciones y presiones que nosotros los abuelos nunca tuvimos durante la juventud. Es importante orar por la protección del engaño. Podemos usar esta oración del Antiguo Testamento como un modelo adaptándolo para cada nieto:

«Jabés le rogó al Dios de Israel: "Bendíceme y ensancha mi territorio; ayúdame y líbrame del mal, para que no padezca aflicción." Y Dios le concedió su petición».
1 Crónicas 4:10

En su excelente libro, *La oración de Jabés*, Bruce Wilkinson habla acerca de lo débil que es nuestra sabiduría humana cuando confronta al enemigo: «La naturaleza del mal es engañarnos con una parte muy pequeña de la verdad; no toda, recordemos, pero lo suficiente para engañarnos. Adán y Eva no estaban más dispuestos a sucumbir ante la tentación que nosotros. En efecto, contrario a nuestro caso, eran perfectos en todo, y ninguna de sus necesidades verdaderas quedó sin ser satisfecha. El diablo se aproximó a la especie humana en lo más alto de sus promesas y de su funcionamiento; y nos aplastó con una simple conversación aparentemente amistosa. Por este motivo, como Jabés, deberíamos orar para que recibamos de Dios toda defensa contra el engaño».[4]

Cómo puede una abuela influir en los cambios

El autor Jay Kesler nos recuerda un principio espiritual importante: «No podemos entregar a los nietos algo que

[4] Dr. Bruce H. Wilkinson, *La oración de Jabés,* UNILIT, Miami, FL, pp. 69-70.

no poseemos. Una vida consagrada a Cristo que ha pasado años y pruebas, y que está sazonada con experiencias y humildad es más potente de lo que la mayoría de la gente se imagina. Nos afectan nuestros antecedentes; llevamos el producto de la sangre en nuestras venas. Los que tienen una herencia de abuelos fieles en la fe llevan esta influencia en sus vidas a veces sin siquiera saber que son portadores de esa fuente».[5]

La historia de Norren ilustra cómo los abuelos edifican la autoestima en un niño y mantienen la estabilidad de su vida. Norren se preocupó al oír que su biznieto, Troy, decía las malas palabras que había aprendido de niños mayores. Era el menor del grupo, así que para defenderse usaba un lenguaje crudo. Cuando los mayores lo apodaron con nombres despectivos y decían lo malo que era, Troy trató de estar a la altura de su fama.

«Tú no eres malo», le decía abuela Noreen. «Eres un buen muchacho y yo te quiero». Mientras otros lo despreciaban, ella le expresó amor y oró pidiéndole a Dios que lo cambiara. A medida que en cada oportunidad posible ella lo apoyaba y animaba, Troy creyó lo que su bisabuela le decía y comenzó a reformarse.

«Ahora hay un vínculo especial entre nosotros», dice Noreen. «Se porta bien con otros, tiene una dulce naturaleza y es un buen jugador de pelota. Tengo un "buen" biznieto que ama a Jesús».

Sin las oraciones y la participación positiva de Noreen, la vida de Troy fácilmente pudo desarrollarse como un adolescente rebelde y enojado. Pero ella lo ayudó a ver que una relación debida con Jesús lo capacitaría para formar amistades saludables que no se basaban en la inseguridad.

---

[5] Jay Kesler, *Grandparenting: The Agony and the Ecstasy* [Ser abuelo: La agonía y el éxtasis], Servant, Ann Arbor, MI, 1993, p. 99.

Por más que queramos a nuestros nietos, es importante recordar que Dios no tiene nietos, solo hijos. No importa lo fieles en la fe que puedan ser los padres o los abuelos de los niños, cada uno debe aceptar individualmente la fe cristiana. Podemos impactar a los nietos con solo modelar una vida cristiana, o enseñándolos mediante nuestros ejemplos. Insistir en la fiel oración para que cada nieto reciba a Cristo como Salvador y Señor, y se convierta en una influencia positiva entre sus compañeros.

Oración

Señor, te pido que mis nietos acepten a Jesús como su Señor mientras que sean jóvenes y que permanezcan entre los límites de su cuidado. A medida que crezcan, ayúdalos a desarrollar un carácter fiel. Haz que mis nietos sean como Jesús, que crezcan en sabiduría y estatura, y que cada vez más gocen del favor de Dios y de toda la gente. Dales las cualidades que necesitarán para edificar su fe y confianza en ti en cada una de las áreas de su vida. Te lo pido en el nombre de Jesús, Amén.

Pasajes bíblicos de ayuda

«Yo soy la vid y ustedes son las ramas. El que permanece en mí, como yo en él, dará mucho fruto; separados de mí no pueden ustedes hacer nada».

Juan 15:5

En realidad, sin fe es imposible agradar a Dios, ya que cualquiera que se acerca a Dios tiene que creer que él existe y que recompensa a quienes lo buscan.

Hebreos 11:6

Y todo el que invoque el nombre del Señor será salvo.

Hechos 2:21

Así que recomiendo... que se hagan plegarias, oraciones, súplicas y acciones de gracias por todos... Esto es
bueno y agradable a Dios nuestro Salvador, pues él
quiere que todos sean salvos y lleguen a conocer la
verdad.

1 Timoteo 2:1, 3-4

Llevaron unos niños a Jesús para que les impusiera las
manos y orara por ellos, pero los discípulos repren-
dían a quienes los llevaban. Jesús dijo: «Dejen que los
niños vengan a mí, y no se lo impidan, porque el reino
de los cielos es de quienes son como ellos».

Mateo 19:13-14

Oración de las Escrituras

Gracias, Señor, por querer a los niños. Hoy te presento a
mi nieto(a) [nombre]. Revélales las verdades de tu reino,
y haz que permanezcan en tus cuidados amorosos [Ma-
teo 19:13-14].

Citas bíblicas relacionadas al tema

Romanos 10:9-11; 2 Pedro 1:5-8; 3:8-9; 1 Juan 1:9; 2:3-6,
28-29.

Sugerencias para orar

Una vez que nuestro nieto(a) tenga una relación personal con Jesús, podemos:

Orar para que desarrollen el fruto del Espíritu Santo
en sus vidas: «Amor, alegría, paz, paciencia, amabilidad,
bondad, fidelidad, humildad y dominio propio» (Gálatas
5:22-23).

Orar para que verdaderamente ellos comprendan
cuánto Dios los ama en lugar de pensar que la fe cristiana es una lista de haz y no hagas.

Orar para que escuchen al Espíritu Santo, obedecien-
do la voz de Dios.

Orar porque sus padres tengan sabiduría y paciencia a medida que enseñan y guían el desarrollo del carácter de sus hijos.

3

Ora por sus hogares y familias

Hablaremos a la generación venidera del poder del Señor, de sus proezas, y de las maravillas que ha realizado... ordenó a nuestros antepasados enseñarlos a sus descendientes,... y los hijos que habrían de nacer, que a su vez los enseñarían a sus hijos. Así ellos pondrían su confianza en Dios y no se olvidarían de sus proezas, sino que cumplirían sus mandamientos.

Salmo 78:4-7

La familia es el lugar donde desde temprano se debe aprender que las personas son importantes, tienen valor y propósitos en la vida. La familia es el lugar donde los niños deben aprender que los seres humanos se hicieron a la imagen de Dios y por lo tanto son muy especiales en el universo.

Edith Schaeffer, *What Is a Family?*
[¿Qué es una familia?]

Apesar de los cambios culturales y la decadencia de las normas morales que hemos visto durante la década pasada, la familia sigue siendo la unidad básica en la formación de la sociedad. Es cierto, el perfil actual de una «familia promedio» es diferente a la imagen que recordamos, pero los hogares donde crecen tus nietos son las incubadoras de la próxima generación. Estos niños y sus

padres o guardianes pueden cosechar grandes bendiciones en sus vidas mediante el amor y las oraciones de los
abuelos.

Una encuesta informa que: «Los abuelos de ahora viven
más tiempo y participan en las vidas a través de las generaciones durante más tiempo que nunca antes. Tienen
mayor contacto entre las generaciones y están cobrando
más importancia que en cualquier otro tiempo».[1] Otro estudio declara que «la fragmentación de la estructura de
la familia a distancia, el divorcio y la cantidad de personas que tienen hijos tarde en la vida, aumentaron el desafío de mantener los vínculos entre las generaciones».[2]

Estos cambios sociales significan que mientras nuestras oportunidades para influir a los nietos pueden ser
más ricas que nunca antes, también tenemos más barreras que vencer en comparación a las generaciones anteriores de abuelas. Pero nuestra fe en Dios, nuestro amor
por los nietos y diligencia en la oración nos pueden ayudar a encontrar cómo vencer las barreras.

Nunca subestimes el poder de la oración

Quizá tus nietos se están criando en un hogar cristiano,
aunque a veces este no es el caso. O tal vez solo uno de
los padres es creyente, así que los niños reciben mensajes que resultan ser conflictivos acerca de lo que está
bien o mal. Pero cualquiera que sea su ambiente, el poder de la oración lo puede transformar como demuestra
la historia de Lorene.

Cuando la abuela Lorene supo que su nuera llevaba a
Jenny, de tres años, a su trabajo de mesera en un bar, oró

---

[1] Karen S. Peterson, *Grandparents Play Key Role, Study Finds,* [Los estudios
descubren que los abuelos juegan un papel importante], USA Today,
reimpreso en el periódico *San Antonio Express News,* Abril 8, 2001, p. 1H.

[2] Del sitio de internet: http://www.parenting-qa.com

aun más fervientemente por su primera nieta. Aunque no tenía el derecho legal para intervenir, la fe firme en Dios de esta abuela la motivó a pararse en la brecha de oración por Jenny. Sabía que la oración podía hacer una diferencia.

«Durante casi dos años vi la fidelidad de Dios en la pequeña Jenny, mientras oraba por ella continuamente pidiéndole que la cuidara», escribió Lorene. «Ahora tiene dieciséis años, aceptó a Jesús como su Salvador y está viviendo con mi hijo, su segunda esposa y familia. Está prosperando en la escuela y ha aumentado su confianza desde que pertenece a un equipo que participa en desfiles. Es posible ver, literalmente, cómo cambian las circunstancias mediante la oración.

Podemos pedir por la paz en el hogar, por padres fieles y cariñosos, buenas relaciones entre los hijos, un hogar lleno del amor de Dios, por un vecindario que sea un lugar seguro para criarse. También podemos pedir que entre los amigos, miembros de la familia y abuelos que viven cerca se encuentren ejemplos positivos para los nietos.

En algunos casos, las oraciones de los abuelos hasta pueden evitar las crisis antes que estas sucedan. Gail aprendió el poder de esta verdad cuando temprano en la mañana recibió una llamada ansiosa en el trabajo. «Mamá, el médico quiere hacerme el amniocéntesis», exclamó su hija muy asustada. «El último sonograma muestra que hay un problema en la cabeza del bebé y quieren hacerme más pruebas. El médico ha dicho que hasta debo considerar un aborto si el problema resulta ser serio».

Inmediatamente Gail comenzó a orar y sintió que el Espíritu Santo le indicaba que antes de la prueba debía orar por su hija y yerno.

«En este tiempo, mi yerno no era cristiano y estaba poco dispuesto a aceptar oración personal», contó Gail.

«Al fin aceptó y nuestro pastor se reunió con ellos en la iglesia donde oró por mi hija y el bebé. ¡Y Dios intervino! No hubo más problemas serios y el bebé nació perfectamente normal». Nunca debemos subestimar el poder de la oración.

Ora por la restauración

Sally y Don adoptaron una niña, Shawna, de seis semanas de nacida. Los médicos dijeron que padecía el «síndrome de falta de crecimiento normal» debido al cuidado que recibió en el hogar donde pasó las primeras seis semanas de vida, y que no pesaba lo normal porque no quería comer. De cualquier manera, parecía que nunca iba a vincularse adecuadamente con sus padres adoptivos, quienes tuvieron muchas dificultades con ella durante su niñez.

Cuando tenía diecinueve años, Shawna quedó embarazada y después de dar a luz decidió retener a Cody. Sally y Don tuvieron un lugar especial en sus corazones y en el hogar para su único nieto. Shawna decidió casarse con el padre del bebé y planeó una gran boda, sin embargo, tres semanas antes de la fecha señalada, la canceló. Dos meses más tarde se casaron ante un juez. A las pocas semanas se separaron, Shawna estaba totalmente descontrolada por los efectos del alcoholismo y pronto se divorciaron. El juez le otorgó la custodia del niño a Shawna con la condición de que se quedara en la casa de sus padres para que estos la ayudaran a criar el niño.

Cada mañana Shawna iba a su trabajo dejando el niño con los padres. Sally, que era maestra, lo alimentaba y vestía antes de salir para su trabajo y cada mañana Don lo llevaba a una guardería. Por las tardes, los padres de Don lo cuidaban. Era un niño feliz, «bien adaptado» gracias al cuidado tanto de los abuelos como de los bisabuelos.

Entonces, cuando Cody tenía escasamente dos años, Shawna volvió con el padre del niño. «Dios me hizo ver que debía hacer todo lo que estuviera a mi alcance para hacer que esta relación funcionara», dijo Sally. «Don y yo habíamos considerado seriamente el tratar de adoptar a Cody para darle un hogar seguro, pero el Señor nos mostró que teníamos que dejarlo ir con Shawna. Lo único que pudimos hacer fue orar para que sus padres le dieran la clase de hogar que necesitaba. Animamos a nuestra hija para que cambiara su vida y la instamos a participar en un grupo de apoyo para alcohólicos».

La incertidumbre y la tensión continuaron. Pero los abuelos se mantuvieron presentes, cuidando a Cody si se enfermaba y asegurándose de su bienestar. Una vez le dijo a Sally que sus padres se «gritaban», y que cuando esto sucedía su mamá le decía que se callara y se quitara del medio.

¿Se arreglaría este matrimonio? Sally y Don oraban continuamente porque así fuera, para el bien del niño. Y ellos saben que es posible, con sabios consejos, y la voluntad de ambas partes para permitir que el amor de Dios cambie sus corazones.

«A pesar de los muchos problemas que hemos pasado con Shawna y Cody, no los cambiaría porque gracias a eso he aprendido mucho», dice Sally. «Reconozco lo que otras familias, al parecer «normales», están pasando detrás de las puertas cerradas de sus casas. Quiero a mi nietecito y le pido a Dios lo mejor para él. También quiero a mi hija y pido que ella alcance su potencial. Quisiera que en verdad esta familia venza las dificultades, y esto es mucho decir considerando cómo yo misma me sentí dentro de esta situación. Estoy orando para que esto se convierta en un testimonio de la gracia de Dios».

Recordatorios de oraciones diarias

Abuela y abuelo en Alabama oran diariamente por Ralph, su nieto natural, y por dos nietos adoptados (hijastros del hijo) en edad de preescolar. Desde que Ralph era pequeño, ellos tienen una fotografía pegada al refrigerador con versículos debajo que usan para orar por él todos los días. A menudo cambian el versículo para atender alguna necesidad en particular. Desde que sus padres se divorciaron, los abuelos lo ven cada vez menos y están especialmente preocupados acerca de la falta de la enseñanza espiritual.

Primero oran por la protección de los tres nietos, pidiéndole al Señor que los proteja de las influencias malignas, en especial las cosas que vienen de la televisión. También oran porque la Palabra del Señor se siembre en sus corazones.

Merrie y su esposo tienen fotografías de los tres nietos en el frutero de la mesa del comedor. «Todas las mañanas después del desayuno, buscamos esas fotografías y oramos por ellos», dice ella. «Esto simboliza que queremos que los frutos del Espíritu se manifiesten en sus vidas. Específicamente oramos porque cada día se desarrollen los rasgos del carácter y por la intervención de Dios en cualquiera necesidad especial que tengan.»

Ora por el hijo y sus descendientes

Poco después que Bet se convirtiera al cristianismo, hace como treinta años, el siguiente versículo cobró vida para ella: «No trabajarán en vano, ni tendrán hijos para la desgracia; tanto ellos como su descendencia serán simiente bendecida del Señor» (Isaías 65:23).

«En ese entonces nuestros tres hijos eran adolescentes», dice ella. «Varios meses después de recibir esta promesa de Dios, descubrimos que el mayor de ellos, Pete, de dieciséis años, era adicto a las drogas. Durante los próximos dos años, mientras andábamos con él a través de los programas de rehabilitación, leía este versículo cuando me desanimaba. Y luego oraba: "Oh, Señor, esta es una desgracia. Y tu palabra dice que yo no tendré hijos para la desgracia... "».

Un día, cuando Bet repetía este versículo en oración, sintió que el Espíritu Santo le susurraba algo: «Esta no es una desgracia. La desgracia es no conocer a Jesucristo». Desde ese momento ella tuvo fe para creer en la salvación de sus tres hijos, e incluso por los descendientes de ellos que estaban por nacer.

Pasaron los años. Cuando Pete, que ya se recuperó por completo, se casó, Bet le regaló a la pareja una hermosa Biblia de piel, aunque ni Pete ni su novia eran cristianos en ese tiempo. Dentro, les marcó el texto de Isaías 65:23.

«Cinco años más tarde estaban esperando a nuestro primer nieto», dice Bet. «La esposa de Pete tenía problemas con el parto, y el médico quería hacer la cesárea porque el bebé estaba en una mala posición. Pete salió al pasillo del hospital donde estábamos esperando y nos pidió a su padre y a mí que oráramos para que Dios volteara al bebé a la posición normal. Varios de nosotros hicimos un círculo y oramos pidiendo a Dios que fuera misericordioso. Mientras estábamos orando, el bebé se volteó dentro del vientre materno».

Después de unos momentos llegó una enfermera muy apurada llamando a Pete para que fuera al salón de partos si quería ver el nacimiento del bebé. La nieta de Bet nació bella y saludable.

«Más tarde, me dijo Pete que luego del nacimiento de Susan, él comenzó a leer la Biblia que le di como regalo de boda», nos contó Bet. «Se emocionó mucho al ver que había marcado Isaías 65:23 y escrito en el margen la fecha en la cual reclamé al Señor por mis descendientes.

¡Susan nació dieciséis años después de ese mismo día! Dios es fiel a Su Palabra. Todos nuestros hijos vinieron a los pies del Señor, y también varios de nuestros nietos, incluyendo a Susan, de doce años. Cuando Dios te dé una promesa, agárrate de ella».

Bet aprendió a orar primero por sus hijos, y ahora está mejor preparada para orar por los nietos, sus hogares y familias.[3]

La oración une a la familia

Desde que sus niñas eran pequeñas, Josie y su esposo Ralph, oraron por los futuros compañeros para las hijas, y por cada aspecto de sus vidas. Imagínate el disgusto que sintieron cuando Amber, de dieciséis años, comenzó a salir con Dean, un campesino que criaba cerdos y que era ocho años mayor que ella. Pero el romance floreció y por fin le dieron su bendición a Amber y Dean para que se casaran. Comenzaron bien, pero al año el matrimonio estaba naufragando y Josie y Ralph reconocieron que Dean era un marido controlador y usaba drogas.

El día que ayudaron a Amber a mudarse, Josie se sintió muy apesadumbrada. «Sabía que la separación era necesaria por la salud mental y seguridad de mi hija», recuerda. «Pero tenía tantas esperanzas de que esto no terminara en divorcio que rogué: "Señor, mi esposo y yo hicimos contigo un convenio de amor y fe para nuestras hijas y sus esposos. Te recuerdo que desde que Amber era una bebita, oré por su esposo, y no me doy por vencida con él. Te ruego, Señor, revela tu amor a Dean. Permite que te conozca cara a cara, yo sé que tú lo puedes salvar, y que tú puedes rescatar este matrimonio"».

[3] Quin Sherrer y Ruthane Garlock, Adaptación de su libro *How To Pray For Your Children* [Cómo orar por los hijos], Regal Books, Ventura, CA, 1998, p. 219.

Una noche Amber llamó con una noticia asombrosa: «Mamá, hoy Dean fue al bosque, se postró y entregó su corazón a Jesús. Parece que está muy arrepentido por todo lo que me ha hecho y me pidió perdón. Quiere que regrese».

«Bueno, no te sacamos para que te quedaras por siempre», respondió Josie. «Si crees que Dios está en todo esto, vuelve con él, cariño».

Después de aquel día en el bosque con Dios, Dean ha progresado en su fe cristiana mediante la oración, el consejo fiel y la enseñanza bíblica. Ahora su matrimonio es cristocéntrico y ya él y Amber tienen cuatro hijos. Josie y Ralph son intercesores que viajan por todo el mundo, y Dean se ha convertido en la persona clave de oración.

Una vez cuando Josie y Ralph estaban en Israel guiando un viaje de oración, ella sintió la urgencia de acortar el viaje y hacer arreglos para regresar a casa un día antes. Fue entonces que recibió la noticia de que Dean, que ahora tiene cuarenta y dos años, tenía angina de pecho, y reunió a su grupo de oración. En ese mismo momento, allá en Atlanta, Dean iba por una autopista de seis hileras manejando hasta la consulta del médico, cuando sufrió un ataque cardíaco.

Mientras rogaba no perder el control de su camión para no herir a alguien, salió de la autopista, se estacionó detrás de un edificio y entonces se cayó del vehículo. Alguien lo vio, llamó una ambulancia y rápidamente lo llevaron al hospital que estaba a una cuadra del lugar. Un cardiólogo lo operó inmediatamente y le abrió una arteria que estaba cien por ciento tupida.

Cuando el hospital llamó para advertirle a Amber que tendrían que operar a Dean del corazón, Megan, la hija de quince años, contestó la llamada. Megan, que siempre fue juiciosa e imperturbable, comenzó a orar por la completa recuperación de su padre con una fe inquebrantable de que Dios tenía el control de todo. Con rapidez empaquetó algunas cosas para su mamá, y cuando Amber llegó a la casa, le contó con toda calma lo que le había pasado a su papá.

Amber salió para el hospital mientras Megan se quedó con los tres hermanos menores. Mientras Michael, de doce años, oraba por su papá, lo dibujó en el hospital con cuatro ángeles rodeando su cama. Debajo escribió: «Mi papá vivirá y no morirá».

Cuatro días después de la cirugía, Dean regresó a la casa, y Josie fue a estar con él y la familia. Dos semanas más tarde regresó al trabajo. «Su rápida recuperación realmente fue un milagro, y le damos gracias a Dios por esto», dice Josie. «De nuevo le recordé a Dios nuestro convenio de amor y fe por las familias de mis hijas, no quería que mis nietos crecieran sin un padre. Oro diariamente por mis siete nietos, y cada vez que puedo los llevo, a cada uno de ellos, a un viaje de oración. Todos ellos están aprendiendo el poder de la oración».

Mantén la comunicación con tus nietos

Más y más, los abuelos como Josie y Ralph están llevando a sus nietos a dichos viajes de oración, en vacaciones breves, brindando así oportunidades de vincularse. Algunos planean viajes de «solamente primos» o viajes para acampar entre los de cierta edad. Otros hacen una visita de una vez al año para cuidar a los niños y que sus padres puedan pasar unos días solos. O mantenerse en comunicación con los nietos grabándoles audiocasetes de ellos mismos leyendo historias o cantando canciones locas.

Cuando los nietos aún eran jóvenes, Dorothy y Charles comenzaron la tradición de todos los años llevar con ellos a dos primos. Los abuelos permitieron que los niños participaran decidiendo a dónde irían. Con el propósito de hacer que los viajes fueran tanto divertidos como educativos, Dorothy y Charles le pidieron a cada uno que escribiera un breve informe acerca de sus experiencias en el viaje. Llevó varios años para que les llegara el turno a cada uno de los once nietos, que ahora son adolescentes o jóvenes adultos.

Hace poco, para el cumpleaños número ochenta de Dorothy, Charles compiló un libro «Yo recuerdo» para celebrar la ocasión. Todos los nietos escribieron algo acerca de esos viajes de vacaciones que habían disfrutado con «Do-Lolly» y «Do-Daddy», y los maravillosos recuerdos que guardaban de esas aventuras.

Otra abuela regularmente envía cintas grabadas a sus cuatro nietos que viven en el extranjero. Ella les lee un libro completo y luego ora por ellos. «Se sienten más cerca de mí cuando oyen mi voz, así que a menudo trato de enviarles cintas grabadas», dice ella. «Constantemente estoy buscando el libro correcto para la edad específica de cada niño. Las madres me cuentan que a menudo se van a dormir por la noche oyendo mis historias y oración por ellos».

Lega tu herencia a través de la oración

Este versículo me estremece (a mí, Quin): «Reconoce, por tanto, que el Señor tu Dios es el Dios verdadero, el Dios fiel, que cumple su pacto generación tras generación, y muestra su fiel amor a quienes lo aman y obedecen sus mandamientos» (Deuteronomio 7:9).

¡Qué legado! Y qué privilegio es pasar a nuestros hijos y nietos la mayor herencia posible, el ejemplo de nuestra vida personal de oración, para que ellos puedan imitarla. Cada vez que tengo la oportunidad de cargar a uno de mis nietos, le hablo acerca del plan de Dios para su futuro. Una tradición de nuestra familia es celebrar anualmente la «ceremonia de bendición» en la cual todos los nietos vienen a una fiesta para que el abuelo y yo oremos por ellos. Con toda paciencia esperan en fila para recibir su bendición, seguida de refrescos y juegos.

Durante estos recientes años he visto a mis hijos adultos casi sobrepasarme en la oración. Desde que se convirtieron en padres, aprendieron la importancia de la oración fervorosa por los pequeños que Dios les confía. Juntos, nosotros los abuelos y los padres, estamos enseñando a estos niños a orar. Una cosa es cierta, a menudo nos oyen orar por ellos en voz alta, en situaciones cotidianas, no solo en la mesa o a la hora de acostarse, y están aprendiendo.

Una vez que Lyden y su papá LeRoy, estaban en el patio jugando pelota, LeRoy se lastimó un dedo al tratar de agarrar una pelota que tiró el de tres años al otro lado de la cerca. Enseguida Lyden agarró la mano dolorida de su abuelo y oró: «Por favor, Jesús, cura su dolor. Amén».

A través de nuestras oraciones, los nietos se pueden convertir en fuentes de poder para cambiar el mundo en cada área de trabajo. Fortalecidos por el Espíritu Santo y apoyados por nuestras oraciones, los hijos de nuestros hijos pueden influir a un mundo impío revelando a Dios a sus compañeros de escuela, maestros o compañeros de trabajo, y ser sal y luz en su generación. Solo Dios sabe qué pasará si oramos sinceramente por nuestros hijos y nietos, dejando que sigan nuestras pisadas de fe.[4]

Oraciones específicas de Quin

Aunque uno mis oraciones a las de los padres, a diario también oro específicamente por todos mis nietos. Mi

---

[4] Quin Sherrer, Adaptación de su libro *Listen, God Is Speaking To You* [Escucha, Dios te está hablando], Servant Publication, Ann Arbor, MI, 1999, pp. 107-108. Usado con permiso.

texto principal para orar es «El Espíritu del Señor reposará sobre mis nietos, el espíritu de sabiduría y de entendimiento, espíritu de consejo y de poder, espíritu de conocimiento y de temor [reverente] del Señor» [Isaías 11:2].
Pero agrego oraciones prácticas cuando veo ciertas necesidades en sus vidas, o cuando los padres me cuentan
algunas preocupaciones por las cuales quieren que oremos. Así es como estoy orando en la actualidad:

Por Kara, de seis años, en primer grado: «Señor, te
pido que encuentre amistades con ideas similares que te
amen tan apasionadamente como ella. Te doy gracias
por sus habilidades académicas sobresalientes y te pido
que siga sintiendo el reto de sobresalir. Señor, haz que
siempre tenga una mente rápida y un hambre profunda
de conocimientos, con la habilidad de aplicarlos sabia-
mente en su vida. Señor, ayúdala a seguir desarrollando
sus buenas cualidades de liderazgo».

Por Lyden, de cinco años, en kinder: «Te ruego que
mejore la coordinación de sus ojos y manos para que
pueda escribir lo que oye y aprende. Te doy gracias, Dios,
por su dulce personalidad, su destreza deportiva y la habilidad que tiene en la computadora donde aprende sus
lecciones de fonología. Te ruego que pueda mejorar sus
hábitos para comer. Señor, te pido que lo ayudes a conseguir unos buenos compañeritos cristianos para que lo
animen en su fe. Gracias porque él disfruta las historias
bíblicas, construir cosas, jugar a la pelota y dormir en
casa de su abuela».

Por Evangeline, de cuatro años, en el preescolar: «Señor, te pido que logre aumentar el peso ya que está
menor de lo normal. Ayúdala a comer bien y hacer ejercicios. Te pido que madure y desarrolle buenas habilidades sociales. También te pido por un programa escolar
apropiado que la ayude. Te doy gracias, Dios, por su rápida sonrisa, sus habilidades artísticas y el amor que

siente por su nuevo hermano. Te doy gracias por el amor especial que siente por ti y sus libros de historias bíblicas».

Por Victoria Jewett, de cuatro años, en el preescolar: «Te pido que su salud pueda mejorar mucho y que la protejas de las enfermedades respiratorias. Señor, te pido que ella pueda hablar con más claridad y que tenga amistades especiales. Te ruego que siga teniendo éxito en sus clases de gimnasia, sin sufrir daños. Gracias, Señor, por sus habilidades manuales, lo mucho que le gusta cocinar, las muñecas y la ropa bonita, especialmente si es rosada».

Por Samuel, de cuatro años, en el preescolar: «Señor, ayúdalo a adaptarse a su nuevo hogar y el preescolar cristiano y que tenga muchos amigos honrados. Gracias, Señor, por su vocabulario excelente, su amor al canto, su creatividad, habilidades mecánicas y dominio de la Biblia».

Por Ethan, de tres meses, en la cuna: «Señor, gracias por este nuevo nieto que está tan alerta y curioso. Gracias por sus padres cristianos que lo criarán en tus caminos. Dales sabiduría para criar a su primer hijo. Te pido que siempre tenga un espíritu dulce y sereno. Señor, protégelo de las graves enfermedades de la niñez. A medida que madura, te pido que haga una temprana decisión de seguir a Cristo como sus hermanos y primos lo han hecho».

El legado de amor de la mamá de Quin

Cuando mi mamá vendió su casa de huéspedes en las afueras de Tallahassee, compró algunas cabañas para alquilar frente al estrecho del mar en Destin, Florida (EE.UU.), un pueblo de pescadores, adonde mis tres hijos les encantaba ir. Allí podían zambullirse, nadar a través de la isla *Holiday Island*, o ir con ella al cercano Golfo de

Méjico para disfrutar del oleaje. Reunían caracoles, cocinaban cangrejos y pescaban, todo alrededor de su casa.

Pero no todo era juego. Si había que trabajar, ella también lo hacía de manera divertida junto a ellos. Aprendieron cómo recibir por teléfono las reservaciones para las cabañas, cómo alquilarlas y cómo ayudar a limpiarlas en cuanto los inquilinos se iban. Les enseñó a mis hijos reglas de seguridad, hizo que la obedecieran cuando les hablaba, y los premiaba con privilegios que estaban más allá de lo que nosotros pudiéramos hacer con ellos.

A los nietos hay que disfrutarlos y quererlos, decía ella. Creía firmemente en el pasaje que declara: «La corona del anciano son sus nietos...» (Proverbios 17:6). Cuando nuestros tres hijos volvían al hogar, no dejaban de hablar de sus aventuras y admitían que le habían contado algunos secretos especiales.

Ella cantaba con ellos, les leía y les permitía sentarse hasta tarde estudiando las estrellas. Hasta les recitaba pedazos de «elocución» que había aprendido en la escuela superior, poesías y escritos que aún recordaba de los años 1920.

A medida que mis hijos crecieron, la llamaban para que orase por ellos cuando tenían alguna dificultad, un examen en la escuela, un problema financiero, una ruptura en sus relaciones, y ella oraba con cada uno por teléfono. A veces, cuando la acompañaba durante sus momentos personales de oración, levantaba sus manos y decía en voz alta: «Señor, estos diez dedos representan a mis diez nietos. Ahora los traigo ante tu trono para orar por ellos...» y oraba específicamente por las necesidades de cada uno en ese día.

Mamá murió unas pocas semanas antes que mi hijo se graduara en la universidad. Durante su graduación él miró al cielo y dijo: «Cuánto quise que mamá Jewett estuviera aquí hoy para verme recibir este diploma. Con sus oraciones ella me ayudó a ganarlo». Todos derramamos algunas lágrimas, recordándola.[5]

Mi hija más joven, Sherry, escribió acerca de ella: «Lo que más recuerdo y atesoro acerca de mi abuela era su amor incondicional por mí. Ella me aceptó tal y cual era y nunca trató de cambiarme. Pasé muchos veranos felices con ella y recuerdo su famosa cocina, pollo frito, frituras y roscas de canela. Su risa y consuelo oportuno que a tanta gente bendijo. Una sabia mujer negociante, mamá Jewett invirtió en tierras, pero yo fui su mayor inversión, mostrándome el amor del Padre celestial».

Abuelos sabios dejan una perdurable impresión cuando otorgan su amor.

Oración

Señor, te pido paz para el ambiente donde se están criando mis nietos. Haz que tengan un hogar lleno del amor de Dios y un vecindario seguro. Te pido que a sus padres le des sabiduría y comprensión para cuidarlos. También provee papeles positivos que modelen sus vidas para que sean ejemplos fieles. Gracias por el don de estos preciosos niños. Amén.

Pasajes bíblicos de ayuda

Hijos, obedezcan en el Señor a sus padres, porque esto es justo. «Honra a tu padre y a tu madre —que es el primer mandamiento con promesa— para que te vaya bien y disfrutes de una larga vida en la tierra.

Y ustedes, padres, no hagan enojar a sus hijos, sino críenlos según la disciplina e instrucción del Señor».

Efesios 6:1-4

[5] Quin Sherrer *Good Night, Lord* [Buenas noches, Señor], Regal Books, Ventura, CA, 2000, pp. 178-179.

Queridos hijos, no amemos de palabra ni de labios para fuera, sino con hechos y de verdad.

1 Juan 3:18

Mi pueblo habitará en un lugar de paz, en moradas seguras, en serenos lugares de reposo.

Isaías 32:18

Oración de las Escrituras

Gracias, Señor, porque tú harás que los padres se reconcilien con mis nietos [nombres] y mis nietos con sus padres [Malaquías 4:6].

Señor, confío en que tú sanarás cualquier necesidad que haya en estas relaciones y fortalecerás los lazos de amor en esta familia.

Citas bíblicas relacionadas al tema

Salmos 37:1-9; 68:4-6; 133; Filipenses 2:3-5.

Permanece en comunicación

Maneras en que puedes permanecer en comunicación con tus nietos y sus familias:

Hazles saber que oras por ellos con regularidad e invítalos a decirte sus peticiones de oración. Comunicarse por medio del correo electrónico es una buena manera de hacer esto, si tienes una computadora.

Si la localización geográfica lo permite, planea actividades, quizás comidas especiales o día de campo, que incluya a todos tus nietos y sus padres.

Planea excursiones cortas, viajes de fin de semana, o actividades en el hogar en el que puedas tener un tiempo individual con cada uno de tus nietos.

Bríndate a jugar con tus nietos, y busca oportunidades para enseñarlos a ser deportistas honrados.

¡A los niños les encanta recibir correspondencia! Envíales a tus nietos tarjetas postales cuando estés de viaje, y con frecuencia escríbeles notas de ánimo, aunque vivan en tu mismo pueblo. Las cartas y tarjetas pueden ser recuerdos que ellos leerán una y otra vez.

Enséñales una habilidad para lo cual tal vez los padres no tengan tiempo, como cocinar, tejer, coser, pintar y jardinería.

Ayúdalos con un proyecto, como por ejemplo hacer un álbum de la familia, organizar su colección de tesoros especiales, crear su diario de oración.

Ayúdalos a comprar o crear un regalo para una ocasión especial para sus padres o hermanos.

Tan a menudo como sea posible, asiste a sus juegos o presentaciones.

4

Ora por sus amigos y su educación

El niño crecía y se fortalecía; progresaba en sabiduría, y
la gracia de Dios lo acompañaba.
Jesús siguió creciendo en sabiduría y estatura, y cada
vez más gozaba del favor de Dios y de toda la gente.
Lucas 2:40, 52

Contribuir con un buen consejo es la reacción natural a
cualquier problema que tengan nuestros nietos. Pero resistir el deseo de regarlos con el beneficio de nuestra
gran sabiduría, es señal de un buen oyente. Tenemos que
ofrecer un lugar seguro adonde puedan venir y compartir
sus alegrías y tristezas, sus temores, fracasos y éxitos, sabiendo que estás ahí para escuchar cada una de sus
palabras.
Jan Stoop & Betty Southard *The Grandmother Book*
[El libro de abuela]

Los amigos y compañeros de escuela, son dos aspectos en las cuales los nietos necesitan nuestras oraciones
mucho más de lo que creemos. Estos dos elementos, sus
compañeros y su educación, probablemente impacten a
los niños más que cualquiera otra cosa, excepto por la influencia del hogar y la familia. Además de brindar nuestro apoyo con las oraciones durante estos años de

formación, podemos ser oyentes compasivos cuando nos cuentan sus problemas, esperanzas y sueños.

Todo niño anhela tener un buen amigo. Pero es importante orar porque los amigos que ya tienen tus nietos sean una influencia positiva para ellos y viceversa. También ora para que entre los conocidos de tus nietos se estrechen los vínculos con los que fortalecerán, en lugar de debilitar, sus relaciones con Dios. A veces la abuela tiene una oportunidad única para involucrarse en ayudar a un nieto a sentirse aceptado por sus compañeros. La historia siguiente es un ejemplo.

«Te puedo ayudar»

Nuestra amiga Sharon notó que mientras asistían a una fiesta de cumpleaños donde irían a patinar, uno de sus seis nietos, Blake, de once años, no se estaba divirtiendo. Parecía que todos los niños en la fiesta estaban patinando, menos él. Ayudó a algunos de los otros a buscar un par de patines que les sirvieran, luego empezó a repartir los refrescos.

«Querido, sería mejor que fueras allá a disfrutar la diversión antes de que se acabe la fiesta», le dijo la abuela. «¿Dónde están tus patines?»

«Ay, abuela, no tengo deseos de patinar», contestó él. «Me duelen las piernas».

Al poco rato llegó el padre de Blake. «¿Qué tiene Blake en la pierna que le impide patinar?» preguntó la abuela a su hijo, pensando que tal vez el niño se había dañado la pierna accidentalmente.

«Nada le pasa en la pierna, mamá», dijo el padre sonriendo. «Es que no sabe patinar».

De pronto Sharon decidió intervenir y hacer ella misma el trabajo, aunque no había patinado durante más de treinta años. Se sentó al lado de Blake, lo rodeó con sus brazos y le dijo: «Querido, abuela sabe patinar y te puede enseñar. ¿Quieres probar?»

«Está bien», dijo él.

Sharon compró un par de medias allí mismo y buscó unos patines que fueran de su tamaño. Ambos se tambalearon un poco al deslizarse por la pista, pero pronto Sharon se estabilizó y le enseñó a Blake algunos trucos para mantener el equilibrio mientras se movían lentamente por la orilla de la pista.

«¡Oye, abuela, esto me gusta!», gritó Blake para dejarse oír a pesar de la música y mientras daban la tercera vuelta. Pero se distrajo y perdió el equilibrio. Cuando trataban de salir de la pista, Blake se cayó y también hizo caer a Sharon. Con la fuerza de la caída esta se fracturó el hueso encima de la muñeca del brazo izquierdo, así que la fiesta terminó en la sala de emergencia.

Después de salir del edificio, Blake se volvió a la nuera de Sharon y le dijo: «Mamá, siento que abuela se lastimara, pero yo quiero dar otra vuelta». Se fue y desde entonces no ha perdido ni una sola oportunidad para patinar.

«Mi esposo no podía creer lo que había sucedido» dice Sharon. «Nunca antes me había visto patinando y pensó que hacer esto fue necio de mi parte. Pero me preocupó que mi nieto perdiera aquella diversión con los otros muchachos, y valió la pena verlo participar en el medio de aquella actividad. Jamás se me ocurrió pensar que corriera un riesgo.

»Oré pidiendo que Blake no sintiera culpabilidad creyendo que mi fractura se debió a él, pero eso no fue un problema. Aprender a patinar ha sido una forma saludable de descargar su energía y ahora él siente que sus amigos y compañeros lo aceptan mejor. La experiencia creó un afecto especial entre nosotros, y ese es un bono que aprecio. Blake es el mayor de mis nietos y es especial para mí. Estoy segura que Dios tiene sus manos sobre este niño».

Se necesitan abuelas sustitutas

Hace poco me dijo Tammy que aunque la mayoría de sus amigas tienen a sus hijos en colegios cristianos, ella considera que Dios la guía a dejar los suyos en la escuela pública. Sin embargo, eso significa que enfrentarán grandes desafíos y tendrán la oportunidad de desviarse de lo que Tammy les ha enseñado.

«Mis muchachos, gemelos de catorce años, aún vienen a contarme los asuntos que encaran», dice ella. «Espero que siempre lo hagan. Las dos menores están en la escuela elemental y no tienen tantas presiones con sus compañeros. Pero ya que los abuelos no viven cerca, he nombrado algunas mujeres mayores de nuestra iglesia como abuelas sustitutas para que oren por mis cuatro hijos. Todos los días pido que sean testigos fieles de Cristo y buenos modelos a sus compañeros de clase. Les he pedido a sus abuelas sustitutas que oren, además, porque el Señor les muestre a ellas las necesidades o debilidades de mis hijas».

Dice Tammy que las mejores amistades de sus hijos son las que conocieron en actividades de la iglesia. Ella apoya estas relaciones permitiéndoles que les inviten a dormir en su casa, ir a patinar y salir a picnic en el parque.

Hasta los niños buenos se pueden desviar, especialmente en nuestra cultura donde tantos padres tienen que trabajar haciéndoseles difícil emplear tanto tiempo con sus hijos como quisieran. En tales casos, la influencia de los amigos puede ser muy fuerte y la oración se convierte en una mayor prioridad. «Señor, protege a nuestros nietos de compañeros malignos», es la oración continua de una abuela.

Quizá de vez en cuando te des cuenta que los amigos de tus nietos están ejerciendo una mala influencia en ellos. Desde luego, debes dedicarte a orar por esta situación. Pero también, debes orar pidiendo una oportunidad para decirles algo así: «Nieto, ten cuidado al escoger tus amistades para que no te aparten de Dios, en lugar de acercarte a él. A veces los que parecen ser tus amigos, son los que mayor problema traen a tu vida».

Recuerda las oraciones contestadas

Cuando enfrentamos el desánimo, debemos recordar cómo Dios contestó las oraciones de nuestros hijos, y nos desafía a orar más específicamente por los nietos. Yo (Quin) me animé al recordar el día en que mi hija mayor, Quinett, se fue para asistir a la universidad a cientos de millas de la casa. Comencé a orar por la escuela, la facultad, los estudiantes, hasta los amigos que tendría. Más que nada, oré pidiendo que muchos estudiantes conocieran a Cristo en la universidad. Durante los próximos tres años no oí ningún informe de que mis oraciones fueran contestadas.

Pero en el último año, su hermano Keith se trasladó a esa universidad. Ese año comenzaron a surgir estudios bíblicos en varios dormitorios y Keith asistía a uno de ellos. Más adelante, durante un fin de semana, trajo a dos líderes de estudios bíblicos de visita a mi casa que estaba entre los bosques de pinos de la Florida. Me emocioné cuando me dijeron que se habían trasladado a esa universidad solo con el propósito de alcanzar a otros para el Señor Jesús. Hasta los atletas estaban asistiendo a las clases de Biblia que estos dos habían acomodado a sus necesidades.

«Ustedes dos son una respuesta a mis oraciones», les dije mientras servía la cena.

Tal vez ustedes quieran recordar algún momento en que vieron a Dios obrar a favor de sus hijos en la escuela o al seleccionar a sus amigos, y al hacerlo, hayan aprendido mejor cómo orar por los nietos.

Este año, mi nieto mayor, Lyden, comenzó el kindergarten en la escuela pública después de dos años en el preescolar cristiano. Me preocupaba pensar qué clase de influencias adversas podría encontrar. Comencé a orar porque tuviera una maestra que lo comprendiera, y que tuviera nuevas amistades que lo apoyaran.

Una de las razones por las cuales yo (Quin) considero que las abuelas deben ir a la escuela a conocer a los maestros y amigos de los nietos es tener una idea mejor de cómo orar por ellos. Verlos en la clase, dónde se sientan, cómo reaccionan con los otros estudiantes y los maestros, nos da una idea más verídica de cómo es su vida diaria.

Me alegra saber que la maestra de Lyden es cristiana, y ella está encantada de saber que todas las mañanas uno de sus alumnos, su mamá y abuela oran por ella y por la clase. Ella le da abrazos extras cuando se entera de que alguno se ha reído de él por sus dibujos, porque no puede sostener un lápiz en la mano como los demás. Él es el más joven de la clase, pero se esfuerza mucho, y a ella la satisface eso. En cuanto a conocer amigos de sus mismas actitudes, él ha conocido a algunos a través de la clase de la Escuela Dominical.

Me he hecho el propósito de conocer a cada una de las maestras de mis nietos y dejarles saber que estoy orando por ellas. Les envío tarjetas y regalos en las navidades, y si estoy en el pueblo, nunca dejo de ir a las presentaciones de mis nietos. También dedico tiempo para darle las gracias a la maestra por el interés en mi nieto.

Al apoyarlas creo que motivo a mis nietos para que las respeten y honren. Y también oro pidiendo que ellas motiven a los niños a desarrollar sus talentos.

Algunos abuelos procuran conocer a las maestras de sus nietos aunque vivan lejos o cerca. La abuela Belle vive a cientos de kilómetros de los nietos, pero cada vez que va a visitarlos, se pasa un día en la escuela con cada niño.

La abuela Mitzi, que vive en el mismo pueblo de los nietos, almuerza con el de segundo grado todos los viernes en la cafetería de la escuela. Los muchachos de la clase la llaman «abuela Mitzi», y les encantan las historias que ella les cuenta cada vez que la maestra la invita.

Comenzar en la escuela o cambiar a una nueva puede dar por resultado una adaptación traumática para algunos niños. Jody, de ocho años, se enfermaba todos los días en la escuela, durante el otoño, al comenzar las clases, así que los padres comentaron su preocupación con la abuela y el abuelo. Juntos oraron por ella, pidiéndole a Dios que le quitara la ansiedad y la ayudara a comer normalmente. Antes de una semana, disminuyeron sus temores. Por fin se adaptó a su nueva clase y no se volvió a enfermar.

Oración preventiva

El aumento de la violencia mortal en las escuelas ha propagado el temor en los corazones de los padres y abuelos, tanto como en el de los niños. Ellos están desarrollándose en un mundo muy diferente y mucho más peligroso que el que nosotros conocimos cuando estábamos criando a nuestros hijos. Pero la respuesta no es estancarnos en la desesperanza o en la negación del problema. Podemos convertirnos en preventivos a través de la oración regular por los estudiantes, sus maestros y administradores, y por la comunidad.

En la actualidad, un creciente número de padres está dándole clases a sus hijos en la casa, creyendo protegerlos de la violencia potencial y los maestros impíos y poner a un lado el problema de la educación costosa de las escuelas privadas. Mientras que los padres jóvenes encaran estos desafíos, las oraciones de los abuelos son necesarias para motivarlos y apoyarlos.

Melody, mi hijastra menor (ahora escribe Ruthanne), está dando clases a sus tres hijos que se llevan dos años de edad entre cada uno. Los desafíos parecen cada vez más amedrentadores a medida que avanzan los grados escolares, y ya está preocupada pensando cómo va a manejar los estudios de la escuela superior. «A veces me pregunto si esto es correcto», dice ella. «Pero cuando veo la televisión o leo el periódico creo que esto no es totalmente malo, considerando las alternativas».

Mientras progresaba en la escritura de este libro, sucedió un fatídico incidente en una escuela superior en California. En pocos días se reportaron incidentes semejantes por todo el país. En la ciudad donde vive Melody, un niño de seis años llevó un revólver a la escuela, y acusaron a los padres de arriesgar a los niños por dejar el arma al alcance de su hijo. No es por gusto que los padres estén preocupados por la seguridad de sus hijos cuando los mandan a la escuela.

John y yo tratamos de animar y apoyar en oración a nuestra hija, tanto como es posible, aunque estamos a dos mil kilómetros de distancia. La petición actual de oración es para Rachel, Lydia y Joel para que hagan amistades a través de la iglesia u otras actividades externas. Ellas han pertenecido al «club» para estudiantes del hogar, para obtener clases extras como arte, música, baile y laboratorio de ciencia, pero el ocupado horario les deja muy poco tiempo para conocer nuevas amistades. Ahora Melody y tres otras mamás han formado un grupo de escuelas en el hogar con el fin de reunirse estrictamente para salidas sociales y actividades divertidas, y estamos orando para que este grupo se expanda y brinde buenas oportunidades para que los niños formen amistades.

Una aventura con abuela

Noel, la nieta de Sarah, que tiene diecisiete años, se deprimió mucho en cuanto su mamá decidiera darles clases en el hogar a ella y a su hermana más joven. La familia vivía en un lugar encantador, pero lejos de la ciudad. Las cuatro horas que empleaban diariamente para llevar y traer a las niñas de la escuela cristiana estaban perjudicando los nervios y el horario de la familia, así que la solución de los padres era enseñarlas en la casa. Pero Noel extrañaba a sus amistades, se sentía muy sola y comenzó a dormir por la noche en un ropero grande, en lugar de usar la cama.

La abuela Sarah, que vive a cientos de kilómetros de distancia, se preocupó en extremo cuando supo que Noel no salía de su depresión. Oró pidiéndole a Dios que le mostrara qué podía hacer para ayudarla. Noel y su hermana son las únicas nietas que tiene, así que han sido el proyecto de oración especial de Sarah desde que nacieron. Creyó que Dios le había dado la idea de que un cambio de escenario ayudaría a Noel.

Luego de estudiar el plan con los padres de la niña, Sarah la llamó por teléfono. «Oye, cariño, ¿te gustaría ir de aventura conmigo?» le preguntó eufóricamente. «Podríamos visitar a nuestros familiares en Louisiana y Mississipi, ver algunos museos y salir a comer a restaurantes divertidos».

A Noel le agradó la idea, así que seleccionaron la fecha. Pasaron la primera semana en Nueva Orleans, donde un primo les dio un viaje por el barrio francés y algunos restaurantes fuera de lo normal. Él fue particularmente bondadoso con Noel, haciéndola sentir muy especial. Un tío favorito, y su esposa, volaron desde St. Louis para visitarlas. Noel, una artista en formación, disfrutó el tiempo que pasaron en los museos de arte. Al estar juntas en un motel durante esa semana, Sarah y su nieta tuvieron mucho tiempo para hablar sobre sus sueños futuros, lo cual dio a la abuela una nueva revelación sobre cómo orar más específicamente por ella.

La segunda semana fueron a Mississipi a visitar a otros familiares. Al final de los quince días de aventura, ya Noel había superado la depresión. De hecho, se alegraba de regresar a su clase en el hogar con su hermana, y por las noches volvió a dormir en su cama. Se interesó en clases privadas de arte y pronto, en un cercano museo, aceptaron presentar su obra en una exhibición para estudiantes.

Sarah ora por ambas nietas usando muchos pasajes de oración. Por ejemplo, a ella le impresionó un versículo de la historia de Daniel y los tres jóvenes hebreos que estaban exilados en Babilonia preparándose para servir al rey. Sarah tomó nota de este versículo: «Pero Daniel se propuso no contaminarse...» (Daniel 1:8a). Ahora está orando porque su nieta no se contamine con la oscuridad de cualquier tipo, conducta inmoral, actividades de ocultismo o cualquier cosa contraria a la Palabra de Dios.

Un desafío especial de oración

Yo (Ruthanne), recuerdo cuando mi hijastra, Linda, encaró el desafío de buscar una escuela apropiada para su hija. Amanda, nuestra nieta mayor, había asistido a la escuela pública hasta el décimo grado, pero las drogas y las pandillas eran un creciente problema en la escuela secundaria donde asistía, por lo cual también aumentaba nuestra preocupación por su seguridad física. Además, ella quería asistir a otra escuela para mejorar sus oportunidades de llegar a una buena universidad. Pero la escuela privada en la que Amanda tenía puesto su corazón estaba a más de una hora de distancia desde el pueblo de California donde vivían.

A medida que oramos por este asunto, nos pareció que la mejor solución era que Linda vendiera la casa y buscara otra para alquilar en un lugar relativamente cerca a su trabajo, y lo suficientemente cerca para que Amanda manejara a la escuela privada. Dos años antes el esposo de Linda había muerto de repente, y de todas formas, por representar una carga financiera para ella, tenía que vender esa casa tan grande. Aunque el mercado de bienes raíces había decaído, ella puso la casa a la venta y comenzó a buscar otra para alquilar. Amanda solicitó el ingreso y una beca en la escuela privada, y oramos pidiendo un milagro.

A fines del verano volé a California para ayudar a Linda a empaquetar y estar lista para la mudanza. Aceptaron a Amanda en la escuela y le aprobaron una beca parcial. Había un posible comprador para la casa, aunque la estabilidad financiera de la pareja parecía un poco dudosa, y Linda todavía no había encontrado un buen lugar para alquilar. Pero de todas formas fui, ya que esta era la única oportunidad que tendría por un tiempo.

Cuando llegué encontré a ambas muy desanimadas. Al siguiente día, las tres fuimos a ver unas casas para alquilar, pero ninguna de ellas satisfacía las necesidades. Entonces fuimos a una última, antes de regresar a la nuestra.

«¡Es perfecta!» Exclamé al ver el lugar, y ambas asintieron. Estaba en un buen vecindario, tenía el tamaño preciso, con árboles grandes, un patio cercado para el perro y un garaje cerrado. El problema era que otras treinta familias querían alquilar esta misma casa y ya habían entregado sus solicitudes. Sucedió que el dueño, Sr. Smith, estaba allí cuando llegamos. Nos enseñó la casa y le dio a Linda una solicitud para llenar, y le pidió que ese mismo día la dejara en el buzón a las ocho de la noche. Entonces él y algunos miembros de su familia se reunirían, revisarían todas las solicitudes y tomarían una decisión.

Tan pronto como llegamos a la casa, Linda llenó la solicitud y buscó todos los documentos de respaldo. Le sugerí: «¿Por qué no escribes una carta explicando lo importante que es para ti vivir allí, para que Amanda esté cerca a la nueva escuela y pueda ir manejando?» Así que Linda escribió una carta detallando su dilema y ofreció pagar un depósito de seguridad más alto por causa del perro. Hasta incluyó una fotografía del *Schnauzer* de Amanda.

Tan pronto salieron a devolver la solicitud antes de lo convenido, puse la vajilla en la mesa del comedor y comencé a envolver y a empacar vasos y vajilla, mientras oraba afanosamente para que Dios las favoreciera con el Sr. Smith. Un par de horas más tarde cuando regresaron, Linda se asombró a al ver toda su vajilla en cajas contra la pared. «¿Qué estás haciendo?», exclamó.

«Estoy preparando cajas ¡porque ustedes se van a mudar!» le dije confiadamente. «Creo que Dios va a obrar para que puedan alquilar esa casa y vender esta». Durante el resto del fin de semana clasificamos cosas, envolvimos platos, empacamos, cerramos y rotulamos cajas. Se podrán imaginar el grito de alegría que dimos cuando el Sr. Smith llamó un par de días después para decir que la casa era para ellas. Se negó a aceptar la oferta de Linda para pagar un depósito más alto de seguridad y luego ella supo que ni siquiera revisaron sus referencias. Él, sencillamente, sintió que eran las personas ideales para la casa.

Se mudaron a tiempo para que Amanda comenzara en la escuela privada y por fin vendieron la casa grande. Amanda se superó en sus estudios y fue el orgullo de todos sus maestros. Ganó una beca para tres universidades diferentes que le ofrecieron estudiar en el área de su preferencia y le fue posible escoger la que quería. Seis años después del torbellino de la mudada, Linda y yo nos sentamos juntas para ver la graduación de Amanda con altos honores y recibir su diploma en Inglés e Historia del Arte. Al verla caminar atravesando el escenario, Linda y yo nos echamos a llorar.

«Nosotras, juntas con Dios, lo logramos», le dije riéndome y llorando al mismo tiempo, mientras nos abrazábamos. Me alegra tanto que las oraciones de mi abuela, y la fe en Dios que me dio mientras oraba, fuesen parte de la victoria.

Nuevos amigos en respuesta a la oración

Hace dos años al visitar (yo, Quin) a una de mis compañeras de oración en Texas, Becky me confesó su preocupación por su nieta que durante dos años se había mantenido fuera de la universidad. Jewel estaba sobrepasada de peso, solitaria y no parecía tener amistades. Esa tarde, en una cabaña a la orilla del lago, las dos oramos pidiéndole a Dios que le diera a Jewel algunas amistades especiales.

Un par de años después, mientras Becky y yo nos hacíamos la visita por teléfono, le pregunté: «A propósito, ¿consiguió Jewel algunas amistades?»

«¡Que si consiguió!» exclamó Becky. «Tiene tantos amigos que no sabe qué hacer con todos ellos». Rebajó de peso, durante un año fue a Uzbekistán de misionera y allí conoció a un joven cristiano con el cual planea casarse. Ya que he tenido una buena participación en la crianza de esta nieta, mi preocupación más grande es que Dios le conceda lo mejor, incluso la elección que hizo de un esposo. Es difícil verla casar con alguien de otro país, pero estoy orando para que se haga la voluntad de Dios».

Como muchas otras abuelas de oración, ella ora, confía, y espera. ¡Eso es lo que hacen las abuelas!

Cuando Karen, en primer grado, tenía problemas para encontrar amistades cristianas en la escuela pública, sus padres le avisaron a la abuela Beverly y le pidieron que se uniera a ellos para orar por este asunto. Unas pocas compañeras de estudio querían acercarse a Karen, pero los principios de sus familias eran cuestionables. Hace poco, una muchachita que quería ser su amiga contó que su papá se había puesto varios aretes en el cuerpo y siguió contando cómo la familia disfrutaba jugar con computadoras. Todos los juegos que mencionó tenían contenido oculto.

Al recibir este informe, abuela Beverly y toda la familia oraron con más diligencia por la intervención de Dios. Poco después, una muchacha de otra clase del primer grado, que Karen conoció durante el receso, la invitó a asistir a un programa especial para niños en su iglesia el miércoles por la noche. Cuando Karen fue, aunque no era la iglesia a la que su familia asistía, le gustó el programa y disfrutó con su nueva amiga. Ahora esto se convirtió en una actividad semanal y los padres de las dos familias se turnan para acompañar a las niñas los miércoles por la noche. Durante los recesos de la escuela, las niñas juegan y ya se han visitado en sus respectivas casas.

Cómo evitar el abandono de los estudios

¿Cuántas veces hemos leído noticias de jóvenes que por causa de un pobre desempeño en la escuela y una baja autoestima se han visto en problemas con la ley? A menudo son presas fáciles para las pandillas, grupos ocultos o vendedores de drogas, sencillamente porque allí es donde encontraron la aceptación que buscaban. Nuestras oraciones pueden lograr mucho para protegerlos de estos elementos negativos. Y podemos reforzar las oraciones sirviendo de mentores y tutores de los nietos, tanto como de otros jóvenes que no tienen la figura de una abuela en sus vidas.

Una abuela escribió: «Muchos niños tienen dificultad para comprender a sus maestras, y se atrasan en la escuela. Algunos jóvenes apenas la pasan, mientras que otros se dan por vencidos. Estos son los que abandonarán los estudios, cuando en su lugar, con un poco de ayuda extra y oración, terminarían con éxito. Con un toque de Dios ellos se pueden esmerar y vivir vidas plenas. La Biblia nos dice que busquemos el conocimiento y con el conocimiento viene la comprensión. ¡Pero ellos necesitan de nuestras oraciones!

»Dios me ha puesto en el corazón orar por mis nietos y por otros niños que luchan con dificultad para vencer su trabajo escolar. Oro por muchos, y enseguida veo respuestas maravillosas. Marcy es mi nieta querida porque me quiere mucho. Cada vez que tenía dificultades en la escuela me llamaba por teléfono: "Abuela, por favor, ora. Tengo un examen a tal hora y necesito que Dios me ayude". Ella estudiaba y yo oraba. Dios siempre la ayudó.

»Marcy pasó la escuela elemental y la secundaria con todas sus calificaciones sobresalientes, excepto un notable. Ganó muchas becas, se graduó en la Universidad de California y siguió sus estudios para obtener la maestría.

Su especialidad es la música y siempre quiso ir a Europa donde nacieron muchos de los grandes compositores.

»Hace poco, una de sus amigas, cuyo padre es un agente de viaje, logró conseguirle un pasaje gratis para pasar tres semanas en Europa. Estaba tan emocionada que casi no se podía contener. Ella es una cristiana dedicada que solo quiere hacer la voluntad de Dios para su vida. Dios ha prometido que si nuestros caminos le agradan, él concederá los deseos del corazón» (Salmos 37:4-5).

«Lo harás... estoy orando por ti»

Carrie, una mujer con más de treinta años, nos contó cómo las oraciones de su bisabuela la animaban cuando era niña. Ella recuerda cómo Nana siempre creyó en ella y le decía que podría desempeñarse bien en la escuela y lograr éxito. Carrie, recordando estas oraciones, perseveró mucho después de la muerte de Nana. En el camino, unos cuantos maestros y abuelas sustitutas la animaron, aunque se sentía ignorante. Ella escribe:

«Crecí pensando que no era inteligente, porque no aprendí como los demás niños. Me dolía ir a la escuela. Pasé cinco años y medio para lograr un diploma universitario de cuatro años. Pero recordaba las oraciones de Nana cuando estaba viva: "Lo lograrás, mi amor", me decía. "Puedes conquistar estos estudios, estoy orando por ti".

»Luego, cuando tenía más de veinte años hice una serie de pruebas de aprendizaje y los resultados me mostraron cómo podía aprender más eficientemente. Estoy muy agradecida de las personas positivas que llegaron a mi vida, personas que decían cosas como estas:

• Tú no eres bruta, tal vez medio tonta, pero no bruta.

- Si renuncias ahora, te fijarás un patrón para el resto de tu vida.
- No seas tan exigente contigo misma.
- ¡Tú sí te graduarás!

»Dios y otros son los responsables por los logros de mi vida. Mi Nana siempre me dijo que lograría hacer cosas que otros no podían. Me imagino que gracias a esto disfruto mi estilo particular de arte divertido, porque me ayuda en mi trabajo de ilustradora para libros de niños».

Sin duda hay miles de niños como Carrie, que se consideran brutas o inadecuadas en muchas áreas. Nosotras, que somos mayores y más sabias, tenemos una oportunidad única de ser sensibles y estar dispuestas a hablar cuando un nieto está listo para ser sincero, ya sea para contar sus fracasos o una victoria, un momento feliz o una desilusión. Ellos necesitan oír de nosotras: ¡Adelante, tú lo puedes lograr! Estoy orando por ti. Creo en ti».

Como hemos visto mediante las historias en este capítulo, con la oración y apoyo de una abuela, o abuela sustituta, nuestros nietos pueden recuperar el ánimo y lograr sus metas. ¡Qué privilegio y oportunidad tan maravillosa tenemos nosotras las abuelas!

Oración

Señor, te ruego que protejas a mis nietos en los salones de clases, en el patio de la escuela, en el autobús escolar o en el automóvil. Vela su ida y venida y el tiempo que pasan en la escuela. Dales discernimiento y sabiduría y ayúdalos a estar alertas al peligro. Ruego que a sus vidas lleguen amigos debidos, en el momento propicio. Dales amigos fieles a Dios y que sean una buena influencia el uno para el otro. Ayuda a mis nietos a aplicarse bien en los estudios y utilizar al máximo los talentos que les has dado. Señor, ruego que sus vidas siempre te glorifiquen. En el nombre de Jesús. Amén.

Pasajes bíblicos de ayuda

Adquiere sabiduría, adquiere inteligencia;
  no olvides mis palabras ni te apartes de ellas.
No abandones nunca a la sabiduría,
  y ella te protegerá; ámala, y ella te cuidará.

Proverbios 4:5-6

Y éste es mi mandamiento: que se amen los unos a los otros, como yo los he amado. Nadie tiene amor más grande que el dar la vida por sus amigos. Ustedes son mis amigos si hacen lo que yo les mando.

Juan 15:12-14

Que nadie te menosprecie por ser joven. Al contrario, que los creyentes vean en ti un ejemplo a seguir en la manera de hablar, en la conducta, y en amor, fe y pureza.

1 Timoteo 4:12

Oración de las Escrituras

Padre, reclamo estas promesas para mis nietos [nombres] mientras están en la escuela: Que tú los instruyas y les muestres el camino que deben seguir; que les des consejos y veles por ellos [Salmos 32:8].

En cada empresa que ellos se involucren, todos mis nietos son más que vencedores por medio de aquel que los ama [Romanos 8:37].

Citas bíblicas relacionadas al tema

Proverbios 1; 13:20; Romanos 12:9-13; 1 Corintios 5:9-11.

Guías de ayuda

Estas son algunas guías de ayuda para orar por los amigos de los nietos y por su educación:

Busca los nombres de los mejores amigos de tus nietos para que puedas orar por ellos mencionándolos. Ora pidiendo que tus nietos se hagan amigos de los que son corteses, confiables, honestos y útiles y que ellos y sus amigos tengan una influencia piadosa el uno para el otro.

Invita a tus nietos a decirte las peticiones de oración respecto a sus amigos o las familias de sus amigos. Pídeles que oren contigo por estas necesidades.

Si vives cerca a tus nietos, invítalos a visitarte en tu casa con sus amigos para tener un día de campo, a ver un vídeo especial o para celebrar otras actividades divertidas.

Interésate en las asignaciones escolares de tus nietos, asegurándoles que estás orando por las áreas problemáticas para ellos. Ofréceles ayudarlos con sus tareas, si esto es factible, u ofréceles ayudarlos a investigar sobre un tema del cual estén escribiendo un informe.

Asiste a las actividades especiales de la escuela, y trata de conocer a tantas de sus maestras como te sea posible.

Para hacerles regalos, busca libros y asuntos relacionados con sus actividades o áreas de estudio en las que estén especialmente interesados. Cada vez que veas un artículo en una revista o periódico que consideres que ellos disfrutarán, envíaselos. Estos detalles le dicen al niño: «Abuela sabe las cosas que a mí me gustan, de veras se preocupa por mí».

Reconócelos generosamente por cada uno de sus logros en los deportes, música, clubes de idiomas, actividades de la escuela, estudios académicos, trabajo voluntario, memorización de la Biblia y demás. Y tanto como sea posible, asiste a sus juegos o actuaciones. Déjales saber que estás orando por ellos en estos esfuerzos, no para que ellos ganen todas las competencias, sino para que siempre hagan lo mejor.

5

Ora por su protección y su salud

Porque él ordenará que sus ángeles
te cuiden en todos tus caminos.
Con sus propias manos te levantarán
para que no tropieces con piedra alguna.
Salmo 91:11-12

Orar es rodear con mis brazos a mis nietos cuando tienen
miedo, agradeciéndole a Dios su protección. Es llevar en
los brazos a una nieta con un cólico, respirando un continuo ruego por su alivio. Es incluir el consuelo de Dios con
la curita sobre una rodilla raspada.

> Evelyn Christenson, *What Happens When We Pray
> for Our Families?* [¿Qué pasa cuando oramos por
> nuestras familias?]

T odo padre y abuelo se preocupa por la seguridad y
protección de los niños a su cargo, y por supuesto, toma-
mos precauciones normales contra el peligro. ¡Pero qué
consuelo es saber que a través de nuestras oraciones, podemos ver la protección de la mano de Dios cuando están fuera de nuestro alcance para protegerlos!

Recientemente, (yo, Ruthanne) leí en nuestro periódico local la historia del secuestro de una niña de nueve años, cuando un domingo por la tarde estaba jugando fuera del edificio de apartamentos donde vivía. Un

extranjero se le acercó y le pidió que le mostrara cómo operar la máquina de la lavandería. Cuando ella comenzó a acompañarle, la agarró y le ató las manos, la metió en su auto y salió a toda velocidad. De inmediato comenzaron a buscarla, pero sin obtener resultados. Después de tres días, ya las autoridades no guardaban muchas esperanzas de encontrarla viva.

Pero al cuarto día, un periodista encontró a una mujer y su hermana sentadas en las gradas de concreto cerca del lugar donde la niña desapareció. «¿Nos ves sentadas aquí?», dijo la mujer. «Estoy esperando ver mi nieta caminando hasta aquí. Eso es lo que espero y por lo que estoy orando. Estamos esperando que ella regrese».[1]

Esto es exactamente lo que sucedió antes de veinticuatro horas. El viernes, el quinto día después de la desaparición, a las seis y media de la mañana, el secuestrador de la niña la dejó a una cuadra del apartamento. Ella corrió por el edificio, tocó en la puerta de sus padres y se reunió con su familia. Mientras estuvo cautiva en una abandonada cabaña fuera de la ciudad, convenció al secuestrador que la llevara de regreso a su casa. Es fácil imaginar cuánta alegría sentiría esa abuela, junto a los otros familiares. Todos estuvieron de acuerdo que ese milagro sucedió en respuesta a las oraciones.

Hasta el jefe de la policía dijo: «De veras no puedo explicar cuál sería el proceso de pensamiento del secuestrador. En lo personal, recurro a mi fe. Y aquí tuvimos una intervención divina».

Cuando la seguridad de nuestros nietos está en juego, la realidad de lo que de veras es importante en la vida cae en su perspectiva. Es en momentos como estos, cuando de repente nos damos cuenta de lo desesperada-

---

[1] Sonja Garza, *Girl's Safe Return Amazes Expert* [Regreso seguro de la niña asombra a los expertos], *San Antonio Express News*, marzo 11, 2001, p. 4B.

mente que necesitamos la ayuda divina, que nuestra fe en Dios se prueba. Los abuelos de nuestra próxima historia encararon una prueba de esta índole

Ora por seguridad

La abuela Liz y su esposo, James, disfrutaron una salida con sus dos nietos para ir a visitar una atracción turística en Orlando. Pero antes de terminar el día, ellos estaban rogándole a Dios por la seguridad de los niños. «No podíamos imaginar la experiencia tan aterradora que nos esperaba esa tarde en la fragante Florida», cuenta Liz.

Luego de ver varios espectáculos y exhibiciones, los abuelos decidieron darle a Susie y Aaron, primos de cuatro años, un tiempo libre en el área gigante de recreo. Liz le comentó a James que casi no había niños ni gente por los alrededores, así que ella consideró que estaba bien dejarlos libres por un rato.

«Susie, que era una escaladora por naturaleza, inmediatamente trepó un palo y con rapidez desapareció por un largo túnel de plástico», informó Liz. «Tan pronto como desapareció, notó horrorizada que una gran multitud comenzaba a salir de un estadio cercano y lo que una vez era un área tranquila de recreo, de momento se llenaba con cientos de niños y adultos merodeando por los alrededores. En un instante, Aaron también desapareció de la vista. Estábamos en medio de un mar de seres humanos que se había tragado a nuestros nietos. Habían desaparecido».

Después de unos momentos, ellos vieron a Aaron en su trajecito rojo, y James logró alcanzarlo a tiempo para recogerlo en sus brazos. Pero no a Susie. Cientos de caritas, pero no la de Susie.

«Me horroricé al sentir que un oleaje de temores me cubría», dice Liz. «Son tantos los niños que secuestran en lugares públicos. Solo recientemente el periódico había publicado una historia acerca de una niñita de quien abusaron y asesinaron no muy lejos de Orlando. "Ay, James", exclamé, "¡tenemos que orar!" Agarré con una mano al pequeño Aaron y con la otra a James, y en un círculo oramos en medio de la multitud. Oramos por el regreso seguro de Susie, pidiéndole a Dios que mandara ángeles que la protegieran».

«Estoy seguro de que Dios contestará nuestra oración», dijo ansiosamente James. «Vamos para notificar a la oficina del parque y ver si tienen alguna estación de niños perdidos en alguna parte».

Encontraron un asistente del parque, pero no sirvió de ayuda alguna. Era nuevo en ese trabajo y ni tenía idea de lo que ellos podían hacer para encontrar a la niña perdida.

«Dios, creo en ti, pero estoy muy asustada», oró Liz desesperada. «Por favor, por favor, permítenos encontrar a la niña antes de que algo malo le ocurra».

Después de dejar un informe en la oficina del parque, decidieron separarse y cubrir toda el área de recreo caminando en ida y vuelta. Sin soltar la mano de Aaron, Liz caminaba mientras oraba por Susie en voz alta, buscándola en medio de la muchedumbre.

«Pasaron veinte minutos, que parecieron horas», dice ella. «De repente vi a James que venía a mi encuentro sonriendo. Pero, ¿dónde estaba Susie? Entonces vi su cabeza detrás de él, venía en los brazos de la adolescente más hermosa que he visto. Cuando se aproximaban, la sonrisa de James se ensanchó al máximo. "¡Esta jovencita encontró a Susie!", dijo jubiloso. «Se dio cuenta que nuestra niña estaba perdida y durante todo este tiempo cargó a Susie y nos estaba buscando».

Lágrimas de alivio corrieron por las mejillas de Liz mientras tomaba a Susie en sus brazos, abrazándola con fuerza «Gracias, Señor», sollozaba. Entonces cuando volvió para darle las gracias a la jovencita, ya había desaparecido entre la muchedumbre. Para Liz, ella fue un ángel protector.

Voz de aviso: «Vete a casa»

Hazel y su esposo Gene, fueron de compras un sábado cuando de pronto oyó una voz interna que le decía: *Vete a casa.* Se lo contó a Gene y este tuvo la misma impresión, así que corrieron de regreso. El teléfono estaba timbrando cuando entraron a la casa.

«Era nuestra hija menor llamando para decirnos que habían atropellado a nuestro nieto de dos años, Ray, y que su mamá iba para el hospital con él», dijo Hazel. «Entonces mi hija gritó: "Mamá, Ray no está respirando, ¡ora!"»

Los abuelos corrieron al hospital, pidiendo en conjunto que ninguno de los huesos de Ray tuviera fracturas, y que Dios le permitiera vivir. «Señor, no creo que pudiera vivir sin volver a escuchar a mi pequeño Ray llamándome "buela", lloraba Hazel».

En el hospital le contaron los detalles del accidente. Archie, el hermano de su yerno que vive al lado de la familia, había vuelto a la casa con unos sacos de cemento en la parte posterior de la camioneta. Sus hijos y el pequeño Ray corrieron a recibirlo, pero Archie decidió mover la camioneta más cerca a la casa para descargarla y al dar marcha atrás, atropelló a Ray, y entonces, sin darse cuenta de lo sucedido, le volvió a pasar por encima al poner la camioneta en marcha.

Archie, horrorizado y dándose cuenta de lo sucedido, saltó de la camioneta y llorando recogió el cuerpo de Ray. La madre del niño, Linda, trató de quitárselo, pero en su conmoción nerviosa no lo soltaba. Linda empujó a

Archie hacia el interior del auto, mientras él seguía llevando a Ray y tan pronto como pudo llegó al hospital. Aparentemente Ray nunca respiró hasta llegar al estacionamiento del hospital. Habían recorrido diez kilómetros y pasaron casi veinte minutos. Fue en este preciso momento que avisaron a los abuelos, Hazel y Gene, para que oraran.

«Créanme, oramos durante todo el camino hasta el hospital», dijo Hazel. «Cuando por fin pudimos ver a nuestro nieto, se veían con claridad las marcas de los neumáticos cruzando su cuerpo. La presión del camión había roto algunos de los vasos capilares creando manchas como las del sarampión. Para sorpresa de todos, los médicos no encontraron huesos rotos. Durante algunos días Ray cojeó, pero no padeció efectos negativos. Fue una respuesta milagrosa a nuestras oraciones. Dios le devolvió la vida y Ray creció convirtiéndose en un buen hombre.

Ora por la salud

Una abuela que conocemos dice que ella ora con frecuencia específicamente por la salud de sus nietos, ya que la religión de los padres no cree en buscar cuidados médicos cuando se enferman. Ella busca maneras de involucrar a los nietos en sus dos amores especiales: enseñar preescolares en la Escuela Dominical y prestar servicio voluntario en un hospital para ayudar y animar a los pacientes.

Cuando tiene la oportunidad, cuenta a los nietos historias emocionantes de cómo Jesús toca la vida de las personas, tanto en los tiempos de la Biblia, como ahora entre los pacientes a quienes sirve. Ellos escuchan con cortesía, pero lo que a ella le agrada es que a veces le hacen preguntas acerca de Jesús.

Jean es una abuela de oración, que había recorrido la mitad del mundo en un viaje cuando supo que su nieto Josiah, de dos años, estaba enfermo. Durante varios días tuvo una fiebre peligrosamente alta y los médicos no podían descubrir a qué se debía. Después de recibir el mensaje, tarde en la noche, Jean, su esposo y algunos amigos del viaje, se unieron en el cuarto del hotel para orar por la sanidad de Josiah. Después de un tiempo intenso y persistente de oración, Jean sintió paz en cuanto al caso.

Al siguiente día, supieron que la temperatura de Josiah había bajado, aunque los médicos aún no sabían qué se la causó. Aunque al principio Jean se perturbó por no estar en la casa para orar por él personalmente, aprendió que la oración a larga distancia también es efectiva. «Dios siempre está oyendo el clamor de nuestros corazones, no importa dónde estemos», dijo ella. «Esta situación me hizo recordar eso».

La vida está llena de desencantos, tristezas y sorpresas, sin embargo, tenemos que enfrentarlas dependiendo de Dios para sostenernos con su gracia y sabiduría. La abuela de nuestra próxima historia aprendió la realidad de la fidelidad de Dios al atravesar años de pesadumbre por causa de su familia.

Protección y restauración

Cuando Paul nació, Trena se conmovió al verse convertida en abuela. Sin embargo, desde el principio le preocupó la seguridad del niño y el ambiente en que estaba creciendo.

«Un mes antes de graduarse de la universidad, mi hija Lisa se casó con Dan. Esta fue una elección que a mí y a mi esposo nos atribuló. Dos años más tarde cuando Paul nació, nos preocupamos porque Dan no trabajaba, no ayudaba con el bebé, ni tampoco hacía mucho en la casa.

»Yo era dueña de una empresa que buscaba personas para servir de ejecutivos, y como durante varios años Lisa había trabajado conmigo, conocía muy bien el negocio. Le entregué la empresa y ella la operó desde la casa para cuidar al bebé. Debido a su buena experiencia y habilidad para el negocio, Lisa comenzó a ganar mucho dinero, pero parecía estar dejando de ser la hija amable que antes conocía. Se estaba reuniendo con gente que ofrecía muy poca confianza, y más y más me preocupaba la seguridad del bebé. Luego supe que fue durante este tiempo que Lisa había comenzado su espiral descendente con las drogas; algo que me había prometido que jamás haría.

»Iba a la casa de Lisa para cuidar a Paul, y a la una de la tarde todavía Dan estaba durmiendo. Si trataba de hablar con ella acerca del desempleo de Dan, se enojaba. Entonces comenzó a viajar durante los fines de semana; dijo que era "asuntos de negocios". Pero yo sabía que era muy poco común estar desempeñando el nombramiento de ejecutivos durante los fines de semana. Me preocupaba mucho por el pequeño Paul y continuamente oré por su protección.

»Una semana, al volver a casa después de un viaje, encontré que Lisa había dejado a Paul con Dan para irse a vivir con un amigo. ¡Nuestro nieto estaba a solas con este irresponsable que no tenía trabajo, que jamás había pasado mucho tiempo con su hijo y que tenía fama de usar drogas! Mi esposo y yo nos quedamos pasmados. ¿Cómo podía Lisa ser tan irresponsable?

»Al final, ella admitió tener relaciones extramaritales y pidió el divorcio. Entregó el cuidado de Paul a Dan, excepto cada dos fines de semanas y una noche a la semana. Varios meses más tarde, ella vino a vivir con nosotros; estaba quebrantada con deudas que ascendían a miles de dólares y continuamente recibía llamadas de los acreedores. Con todo no había forma de razonar con ella. Le conseguimos una oficina y usando todos mis ahorros la ayudamos a restablecer el negocio, pero fue imposible.

»Dan se mudó a la casa de su mamá, en un pueblo cercano, llevándose al bebé. Ambos padres de nuestro nieto estaban usando drogas y nos sentíamos impotentes sin saber qué hacer al respecto. Llegó el momento en que un gran traficante de drogas comenzó a llamar a nuestra casa amenazándonos de muerte, especialmente a Lisa, si ella no le pagaba lo que le debía. Debido a las horribles historias que habíamos oído, le pagamos el dinero, aunque luego reconocimos que eso fue un error.

»Un día, leyendo la Biblia, encontré este pasaje: "Pero la descendencia de los justos se librará" (Proverbios 11:21, RVR95). Reclamé esta promesa y repitiéndola continuamente día y noche pedí la ayuda de Dios para hacer lo debido. A medida que la situación de Lisa se desarrollaba, Dios comenzó a mostrarme que estuve guardando odio, el deseo de vengarme y la tendencia de tratar de manipular y controlar las personas y situaciones. Me humillé ante el Señor, perdoné a mi yerno y a mi hija y pedí que Dios limpiara mi corazón.

»Diariamente comencé a reclamar y confesar estas promesas (basándome en Proverbios 11:21, RVR95 e Isaías 54:13): "Pero la descendencia de los justos se librará". "El Señor mismo instruirá a todos tus hijos, y grande será su bienestar".

»Encontré pasajes pertinentes a la salvación de mis seres queridos y de continuo los citaba en voz alta. Fui persistente: pidiendo, buscando, tocando y dando gracias a Dios.

»¡Uno tras otro comenzaron los milagros! Coloqué a Lisa en un centro de rehabilitación, porque ahora estaba encinta, ella y Dan estaban divorciados y aún él tenía a Paul. Me di cuenta que los padres de Dan toleraban el estilo de vida de Lisa, para de esa forma quedarse con el bebé. Cuando me negaron ver a mi nieto, les puse una demanda por derechos de visitas de los abuelos.

»En nuestro estado, si un abuelo contribuye económicamente para el cuidado del nieto, y emplea una gran parte del tiempo con ese niño, el juzgado lo premia concediéndole derechos de visita o custodia. Gracias a Dios, tenía guardados los recibos de todas las cosas que le había comprado a Paul durante los dos años anteriores, además de las cuentas de los médicos y algunas cuentas de las guarderías. Cuando fuimos al juzgado, tenía testigos y recibos. También le dije al juez que había puesto a Lisa en un centro de rehabilitación y que tenía seis meses de embarazo.

»El juez nos concedió los derechos de visita a los abuelos dos fines de semana al mes. Debido al odio que Lisa había expresado en mi contra durante las audiencias, este nos ordenó que fuéramos a consejería durante seis meses. Fue una lucha, pero mediante mucha oración, nuestras relaciones se sanaron. Por fin ella reconoció que Dan y sus padres estaban en su contra, y que sus propios padres sinceramente la estaban tratando de ayudar.

»Tan pronto como supe que Lisa estaba usando cocaína, desde el momento que concibió a su segundo hijo, comencé a orar por el bebé. Le pedí a Dios que protegiera a esa criatura en el vientre, y que permitiera que naciera físicamente completa con una mente clara y sin adicciones. Cuando Lisa salió de rehabilitación, la ayudamos a comprar una casa, y lentamente comenzó a pensar con lógica y claridad. Recuperó la custodia de Paul, y Dios restauró por completo nuestras relaciones, no hay madre e hija que se lleven mejor que nosotras. Creo que ella renovó su entrega al Señor, y ahora se siente más cómoda yendo a la iglesia.

»Shannon, nuestra hermosa nieta, nació perfectamente normal, un verdadero milagro. ¡Dios contestó cada una de las oraciones que hice por ella! Cuando Lisa volvió a trabajar, yo cuidé a Shannon durante año y medio. Ahora ella tiene casi tres años y prospera en una guardería cristiana, y Paul en el preescolar. Los domingos llevo a los niños a la iglesia y pasan conmigo por lo menos una noche a la semana. Es un gozo y un privilegio cuidar a mis nietos y orar por ellos.

»Lisa quiere mucho a sus dos hijos, y ahora, por fin se ha convertido en la madre que Dios quiso que fuera. Se casó con Andrew, un hombre con muchas cualidades excelentes. Pero lo principal es que él quiere a mi hija y a sus dos hijos, y los tres quieren y respetan a Andrew. ¡Qué gran bendición es para mí ver a Lisa, Andrew, Paul y Shannon! No solo Dios rescató a Lisa del abismo, sino que nos dio dos preciosos nietos y pronto llegará el tercero».

Cuando se atraviesa una prueba tan terrible como la de Trena, es fácil resignarse a preocuparse por quien estamos orando, y a veces ponerse realmente brava con ellos. Dios nos puede ayudar a sobreponer estos obstáculos y ver las oraciones contestadas, pero primero nuestras actitudes deben cambiar.

«En mi desesperación, tanto como en mi exasperación, con mi fe en Dios, llegó el momento en que estaba atormentada con preocupaciones», dice Trena. «Lo irónico fue que, lo sabía, sin embargo, no podía superarlo. Finalmente me vi derramando mi corazón en unos amigos que me escucharon y oraron por mí, mi hija y mis nietos. Dios preparó a la gente y el camino para que su Palabra se cumpliera en mi vida».

Un nieto especial

¿Qué debe hacer una madre cuando se entera que su hijo de veintiocho años, Forrest, su orgullo y gozo, dejó a su novia embarazada? Este fue el dilema que enfrentó una mujer que llamaremos María, la cual supo que una muchacha, Erin, se había propuesto casarse con su hijo. Aunque varias veces ella invitó a la pareja a comer en su casa, aún no se conocían muy bien.

Entonces nació el bebé. Con apenas dos kilogramos no solo era prematuro, sino que, además, tenía varios problemas médicos. Los facultativos la mandaron en ambulancia aérea a un centro médico cercano, donde inmediatamente la operaron para corregirle el esófago. Entre otros problemas, no tenía vejiga, su único riñón nada más funcionaba un sesenta por ciento y el hueso del brazo izquierdo no le había crecido y terminaba con una manita pequeña y torcida. Esta condición, síndrome Bader, ocurre debido a la falta de un gen que evita la formación normal de los órganos y huesos. Así que aquí estaba la pequeña Karen con una serie de defectos físicos y pesando solo dos kilogramos.

Cuando los médicos le pidieron autorización a Forrest para sacarla de la máquina que la mantenía con vida, él salió de la habitación y se echó a llorar. Los abuelos llamaron a intercesores de oración por todos los Estados Unidos. La gente hizo vigilias de oración en el recibidor y pasillos del hospital, hora tras hora.

Abuela María recuerda el angustioso dilema. ¿Acaso era mejor que esta criatura muriera y fuera al cielo? ¿O debían orar con fe, creyendo que tendría una mayor oportunidad de vivir que la que predecían los médicos? El diagnóstico más optimista era que constantemente tendría que usar una bolsa urinaria, y que no podrían reparar su brazo anormal.

Pero desde temprano su papá decidió que batallarían por la vida de la criatura, aunque él no tenía seguro médico. Un año después del nacimiento, sus padres se casaron. La pequeñita Karen pasó cirugía tras cirugía. De vez en cuando, durante los tres primeros años de su vida, tenían que meterla en máquinas, hasta en la casa, que la mantuvieran viva. Día y noche alguien la tenía que acompañar. No podía pasar por las etapas normales de gatear, parar y caminar, como la mayoría de los niños.

Una vez, cuando tenía dos años y medio, estaba en el hospital sufriendo otra crisis amenazadora, las cicatrices de una previa operación la hacían vomitar todo lo que ingería. Yo (Quin) me incliné encima de su pequeño cuerpo para orar por su vida. Durante años María y yo habíamos sido amigas y cuando estuve en su ciudad para dar conferencias en un retiro, me pidió que visitara el hospital para orar por Karen. Quise ofrecer mi apoyo de oración para la nieta de mi amiga, sin embargo, sabía que solo la salvaría un milagro de Dios.

En la actualidad ella tiene ocho años y está en segundo grado en una escuela cristiana, pero siguen los problemas médicos. Su sistema inmunológico es muy débil, así que cuando un germen o bacteria ataca su cuerpo, tiene que ir al hospital y encarar otra crisis. Pero tiene un espíritu tan feliz, una voluntad de vivir, que es una inspiración para todo el que la conoce.

Karen y su abuela María son inseparables. María le ha enseñado a ser sensible a la voz de Dios, y a memorizar pasajes. Cuando estaba aprendiendo a hablar decía: «Un Dios vino a amar a su pueblo». Entonces se envolvía con sus propios brazos para mostrar cuánto Dios la amaba.

Tiene ojos grandes y pardos, un pelo suave y castaño y nunca se reúne con desconocidos a causa de los «desconocidos» que la han rodeado durante las estadías en el hospital. Hace poco, en la clase de la Escuela Dominical de su abuela, se paró para presentarse: «Bueno, tengo una manita torcida, pero puedo leer muy bien. Y yo amo a Jesús». Todos la aplaudieron.

Una tarde, la bolsa urinaria de Karen estaba goteando y ella se mojó, se avergonzó mucho, sintió frío y se desanimó. Abuela María la fue a buscar a la escuela y se la llevó para limpiarla en su casa. Entonces las dos se fueron a la cama para calentarse y tener una conversación de abuela a nieta.

«Karen, hoy no pudiste controlarte y sentiste vergüenza y temor», le dijo María. «Pero tú sabes que ahí también está Dios. Él está allí para ayudarte en estas situaciones. Solo dile cómo te sientes y no permitas que nadie te avergüence cuando te pase algo que no puedes controlar».

«Está bien, Nana», dijo ella. Esa noche estaba impaciente por contarle a su hermanito cómo Dios nos acompaña aunque salgamos de nuestro control. Abuela María y papá John le han regalado muchas cositas para hacerla sentir muy querida y especial. María se agarra muy fuertemente al pasaje que dice: «Aquí me tienen, con los hijos que el Señor me ha dado. Somos en Israel señales y presagios...» (Isaías 8:18). Ella cree que Karen es señal y presagio, y cada día que vive es otra señal de la misericordia de Dios.

Otro adelanto de esta familia es que María y su nuera, Erin, ahora disfrutan de una estrecha relación. A veces hasta Erin asiste a la clase de estudio bíblico con su suegra. «Esta pequeña familia vive enfrentándose a una crisis todos los días», dice María. «Todavía no son vencedores, pero en verdad espero que un día lo sean. Esto no es una ilusión, Dios premia a quienes son diligentes en buscarlo».

Ahora la abuela María encara un desafío que arranca el corazón, «dejarlos ir» ya que Forrest planea mudarse con su familia a otro pueblo a una hora de distancia para estar más cerca a su trabajo. Karen tendrá que cambiar de escuela, y la abuela y la nieta no se verán tanto. Pero María tiene otros seis nietos por quienes velar mediante cartas, llamadas por teléfono y visitas. Y ella confía en que Dios ayudará a Karen a crecer fuerte y seguir superando cada obstáculo médico que encare. ¡Ella es una niña valiente que conoce a su Dios!

En su libro *What Is a Family?* [¿Qué es una familia?], Edith Schaffer nos recuerda que el término «en enfermedad y en salud» en los votos matrimoniales aplica a toda la familia. En un momento u otro a todos nos llegan tiempos de daños físicos o de enfermedades. Pero, escribe ella, «La familia debe tener un lugar donde se experimente y entienda el consuelo, para que la gente aprenda a consolar a otros. El consuelo está íntimamente relacionado con la palabra familia. Dios puede usarnos debido a las dificultades, enfermedades, incapacidades, tragedia, y no a pesar de ellas. Es de esta manera que podemos hacer algo que él nos tiene reservado, y lo cual no haríamos de otro modo».[2]

Cuando suceden las crisis en la vida, nosotras las abuelas podemos ser una fuerza estabilizadora mediante la oración y el ánimo que ayude a nuestras familias.

Oración

Señor, te pido tu divina protección sobre mis nietos. Te doy gracias porque eres su sanador, y puedes tocar sus cuerpos si están enfermos o heridos. Señor, te ruego que los mantengas alerta para que no caigan en situaciones peligrosas, y dame la urgencia de orar cuando estén en cualquier tipo de peligro. Te doy gracias por todas las

---

[2] Edith Schaeffer, *What Is a Family?* [¿Qué es una familia?], Baker, Grand Rapids, 1975, pp. 98,99.

formas en que has intervenido en sus vidas hasta aquí protegiéndolos y restaurando su salud. Amén.

Pasajes bíblicos de ayuda

Dios es nuestro amparo y nuestra fortaleza,
    nuestra ayuda segura en momentos de angustia.
                                    Salmo 46:1

El Señor te protegerá;
    de todo mal protegerá tu vida.
El Señor te cuidará en el hogar y en el camino,
    desde ahora y para siempre.
                                    Salmo 121:7-8

Yo soy el Señor, que les devuelve la salud.
                                    Éxodo 15:26

Oro para que te vaya bien en todos tus asuntos y goces de buena salud, así como prosperas espiritualmente.
                                    3 Juan 2

Le llevaban [a Jesús] todos los que padecían de diversas enfermedades, los que sufrían de dolores graves, los endemoniados, los epilépticos y los paralíticos, y él los sanaba.
                                    Mateo 4:24

Oración de las Escrituras

Señor, te pido por cada uno de mis nietos [nombres] que se acuesten y duerman en paz, porque solo tú, Señor, los haces vivir confiado [Salmo 4:8]. Señor, vuelve tu rostro a mi nieto(a) [nombre] y ten compasión de [nombre] pues se encuentra solo(a) y afligido(a). Crecen las angustias de su corazón; líbralo(a) de sus tribulaciones. Fíjate en su aflicción y en sus penurias, y borra todos los pecados de él (ella) [Salmo 25:16-18].

Citas bíblicas relacionadas al tema

Deuteronomio 31:6; 33:26-27; Salmos 23; 91; 121; Isaías 26:3-4; Mateo 28-20.

Oraciones de protección y salud

Aquí encontrarás algunas oraciones basadas en las Escrituras que puedes orar por la protección y salud de tus nietos:

Gracias, Señor, porque puedo proclamar esta bendición sobre mis nietos: El Señor protegerá a [nombres]; de todo mal protegerá sus vidas. El Señor los cuidará en el hogar y en el camino, desde ahora y para siempre [Salmo 121:7-8]

Gracias, Señor, porque tú eres fiel, y fortalecerás y protegerás a mis nietos del maligno [2 Tesalonicenses 3:3].

Oro para que a mi nieto(a) [nombre] le vaya bien en todos sus asuntos y goce de buena salud, así como prospera espiritualmente [3 Juan 2].

Te pido que mis nietos adquieran buenos hábitos de salud y no abusen de sus cuerpos, recordando que son «templo» de Dios y que el Espíritu de Dios habita en ellos y por lo tanto son sagrados [1 Corintios 3:16].

«Yo lo libraré porque [nombre] se acoge a mí»; dice el Señor, protegeré a [nombre], porque reconoce mi nombre. [Nombre] me invocará, y yo le responderé; estaré con [nombre] en momentos de angustia; lo libraré y lo llenaré de honores. Le colmaré con muchos años de vida y haré que [nombre] goce de mi salvación» [Salmo 91:14-16].

6

Ora por los nietos adoloridos

Alabado sea el Dios y Padre de nuestro Señor Jesucristo, Padre misericordioso y Dios de toda consolación, quien nos consuela en todas nuestras tribulaciones para que con el mismo consuelo que de Dios hemos recibido, también nosotros podamos consolar a todos los que sufren.

2 Corintios 1:3-4

Volvemos a abuela confiando en que ella nos ayudará a encontrar respuestas, mostrarnos belleza y maravillas, y nos llama a gozar de una vida plena. No solo sabe lo que nosotros no sabemos; también es lo suficientemente sabia para invertir tanto tiempo como sea necesario para que aprendamos. Ninguna otra mujer puede hacer sentir a un niño tan bien parecido, tan inteligente, tan habilidoso, tan querido, como una abuela.

Kristen Johnson Ingram, *I'll Ask My Grandmother, She's Very Wise*

Qué difícil es ver a nuestros nietos luchando con sus dolores, ya sean emotivos o por enfermedades físicas, incapacidades, o desengaño y rechazo. Una criatura con leucemia luchando por la vida. Un nieto adoptivo enfrentándose al sentimiento de abandono. Un niño con una pobre autoimagen que se siente anulado por el talento de un hermano dotado. Otro que se ve consumido por el enojo.

No importa cuáles sean las circunstancias, la oración puede obrar maravillas, traer paz en medio de gran confusión, y esperanza donde hay desesperación. Muy a menudo perdemos nuestras energías cuando estamos ansiosos y preocupados por los nietos que encaran crisis. Pero nuestro tiempo y fortaleza pudiera invertirse de una manera más productiva si buscáramos la dirección de Dios, y determináramos cómo orar con eficiencia.

Enfrenta al foso del león

La historia de Janet es un ejemplo de cómo una abuela con fe puede tener una poderosa influencia sobre la vida de un nieto viviendo en medio de una terrible situación.

«Desde los primeros años de la vida de Daniel, yo lo acostaba todas las noches mientras que su mamá, que es mi hija, trabajaba de enfermera en un hospital cercano», escribió ella. «Le leía historias de la Biblia, desde luego, su favorita era la de Daniel en el foso de los leones, y luego orábamos juntos, pidiéndole a Dios su protección mientras dormíamos. No podía imaginarme en ese entonces, que encarar un rugiente león cada día sería un desafío para su futura vida».

Cuando Daniel tenía cuatro años de edad, su mamá se casó con un hombre que desde todos los ángulos, parecía ser un gran padre para el nieto de Janet. Pero ese no fue el caso. Por el contrario, fue el principio de una larga pesadilla para el jovencito. La situación pudo haber destruido su autoestima y motivación, de no haber sido por la oración y ánimo de su mamá y abuela.

«El abuso verbal que sufrió continuamente fue horrendo, estoy segurísima que solo la mano de Dios sobre él, y las muchas oraciones de todos los que lo queremos lo ayudaron a sobrevivir», dijo Janet. «Mi hija no creía en el divorcio, pero su testimonio, amor y oraciones apoyaron a Daniel. No solo era ella su maestra en la casa, sino que también lo ayudaba a memorizar pasajes. Él estaba en el equipo de esgrima bíblica de la iglesia y lo ayudó a ganar muchas competencias. Este es un ejemplo perfecto de cómo la Palabra de Dios, escrita en el corazón de un joven, lo puede proteger y ayudar a prosperar hasta en la adversidad».

Cada año Daniel fortalecía su fe, y de adolescente la compartía con otros, por ser miembro del equipo del ministerio de jóvenes. Sin embargo, continuaba el abuso verbal y emocional de su padrastro que hacía que a Daniel siempre le tocara «pagar por los platos rotos» de todo lo que saliera mal en la casa. Llegó el momento en que Janet avisó a su grupo de estudio bíblico para unirse a ella y orar por él.

«Dios contestó mis oraciones librándolo de tan penosa situación», dice ella. Ahora Daniel tiene diecisiete años y vive conmigo. Sé que Dios tiene un plan especial para este joven. Sigo orando para que Dios dirija a Daniel en la elección de su carrera ahora que comenzó la universidad, y que lo use poderosamente para sus propósitos. ¡Cuán agradecida estoy de servir a un Dios, que puede tomar lo malo y hacerlo bueno! Creo que Dios salvará al padrastro de Daniel, porque nadie está fuera de su alcance».

Sylvia es una abuela de oración que enseña en la escuela elemental pública porque le da la oportunidad de ayudar a niños heridos. Además de orar por sus nietos, ella ora por los pequeños alumnos como si fueran suyos.

«Creo que los niños son el mayor regalo que Dios nos ha dado, no obstante son los más descuidados de nuestra sociedad», dice. «Hace poco, en un solo día, tres de mis niños de segundo grado en la escuela pública me pidieron que orara por ellos a causa de los serios problemas que enfrentan en sus hogares. Después que oré, los animé para que oraran el uno por el otro. Luego les sugerí a estos niños de siete años que cuando sus padres comenzaran a discutir, buscaran un lugar quieto para hablar con Dios. Cuánto me alegro de estar aquí para ayudar a esos niños heridos que probablemente no tienen una abuela que ora».

Fe para pelear con gigantes

Catherine siempre les enseñó a sus hijos la importancia de orar, de manera que cuando su hija, Freda, quería tener familia, ellas oraron. Su primer embarazo se malogró, y con el segundo tuvo serios problemas que requirieron una cesárea inmediata antes que el bebé cumpliera su término. La pequeñita Miriam solo pesaba dos kilogramos, aunque todos sus órganos internos estaban completamente desarrollados, y cuando tenía tres semanas le dieron de alta en el hospital pesando dos kilogramos y medio.

«Esto fue una bendición, ya que a la mayoría de los prematuros no le dan de alta hasta que pesan más», recuerda la abuela Catherine. «Pero los médicos permitieron que Miriam se fuera para la casa ya que parecía muy saludable».

La niña no tuvo más problemas de salud hasta un día de otoño cuando tenía siete años. Después de un mes de no sentirse bien, los médicos diagnosticaron que Miriam tenía hepatitis C, y luego le ordenaron un sonograma intestinal. Cuando la técnica pasó más arriba de su barriguita, notó la punta del corazón de Miriam.

«Esto causó una gran alarma, ya que una niña tan pequeñita de siete años no debía tener un corazón tan grande», dice su abuela. «Cuando los médicos la hospitalizaron para hacerle más exámenes, descubrieron que tenía serios problemas cardiacos e inmediatamente la llevaron en avión a un hospital de niños de una ciudad cercana. Muchos intercesores se unieron a nuestra familia para orar por la vida de Miriam».

Durante tres semanas de inseguridad, los médicos estudiaron la posibilidad de hacer una operación de trasplante de corazón, pero luego desistieron. Sin embargo, durante todo esto, la familia experimentó la paz de Dios. Con cada nuevo desafío, parecían recibir fortaleza sobrenatural a medida que se turnaban para quedarse con Miriam en el hospital. Después de cuatro semanas, los médicos dijeron que si ella podía tomar los medicamentos oralmente, sin reacciones negativas, entonces podría regresar a la casa durante un tiempo.

Catherine permaneció con la niña durante este período para que sus padres pudieran irse a su casa a atender sus asuntos. La primera noche después de comenzar a tomar los medicamentos vía oral, Miriam estuvo bien. Sin embargo, la mañana siguiente después del desayuno sintió náuseas. Estaba acongojada porque sus padres estarían ausentes durante dos días, y la ansiedad le afectó su estómago.

Abuela Catherine comenzó a contarle a Miriam la historia bíblica acerca del pastorcito David y el gigante Goliat, que quería destruir el pueblo de Israel. David derrotó al gigante con solo una honda, porque Dios estaba con él y lo preparó para pelear esta batalla.

«¿Alguna vez Dios te ha hecho algo así?» le preguntó Catherine a la niña. «¿Alguna vez él ha premiado tu fe dándote los deseos de tu corazón?»

Los ojos de Miriam se abrieron mientras le decía a su abuela cuánto había orado pidiendo quedarse con Mazey, su gatito. Dios cambió el corazón de su mamá, y ella no tuvo que regalar el gato. Entonces Catherine le recordó a Miriam cuando ella estaba viviendo con sus abuelos, y le pidió a Dios que le diera un dormitorio propio. Al poco tiempo sus padres pudieron comprar una casa, y ella tuvo su propio dormitorio especial. A medida que le recordó la fidelidad de Dios, las náuseas de Miriam fueron desapareciendo y se calmó.

«Yo le recordé que su papá la estaba ayudando a aprenderse versículos de la Biblia y ella podía ser fuerte como David», informó Catherine. «Y que toda la familia estaba orando por ella, pero que también ella podía enfrentar los gigantes de su vida. Ahora ya Miriam está de vuelta en la casa con nosotros, aún toma medicamentos, pero con fe espera su milagro. Es fuerte, como David, adorando a Dios con todo su corazón, y declarándole la derrota a su enfermedad».

Un día en que Catherine iba para el hospital, sintió que Dios le hablaba mediante este versículo: «La palabra del Señor vino a mí: "Antes de formarte en el vientre, ya te había elegido; antes de que nacieras, ya te había apartado..." (Jeremías 1:5).

»Mientras esperábamos con fe que Dios sanara el corazón de Miriam, me consolé pensando en que Dios la formó en el vientre, la conocía y la había apartado para sus propósitos», dice Catherine.

Ora por los nietos con problemas especiales

Cuando un nieto sufre de una incapacidad o enfermedad genética, normalmente la abuela está frente a frente a su dolor y desilusión. Al aprender a enfrentar las circunstancias, la abuela tiene que dejar que Dios le reajuste su actitud y la ayude a ver la situación de forma diferente. Del diario de Nancy, escrito durante dos años, obtenemos un vistazo del corazón de una abuela cuando supo que su nieto había nacido con una incapacidad:

«Nuestro nieto, Jacob, nació hoy y es posible que tenga el síndrome de Downs. De momento me quedé sin habla. Imposible. Negación. Esperanza. Realidad. Paz. Este mundo no tiene garantías. El plan y propósito de Dios sigue en pie, a pesar de lo que parezca un error. Nuestro apoyo vino de amigos de oración.

»Con el paso de los días descubrí que mi regla para medir el valor de los demás era muy superficial. Dios es mucho más grande y sabio. He encarado más de cerca mis prejuicios hacia las personas retardadas. Dios las ve como personas de valor. Yo tenía la tendencia de medir a todos de acuerdo a su contribución a la sociedad y familia, o por la belleza, educación, talento. Ahora he vuelto a aprender y he cambiado mi forma de ver a la gente, viéndolos desde la perspectiva de Dios, y no a través de la mía: viciada, caída y perversa. Desde luego, el Espíritu Santo me ha ayudado fielmente.

»Hoy cuidé a Jacob de dos meses de edad y sucedió algo muy especial cuando se despertó de su siesta. Fui a recogerlo y me sonrió. Le di su alimento, susurró algo y volvió a sonreír. ¡Era como un pago por adelantado por lo que vendría! Ayer, una pareja en California escribió acerca de su nieta que tiene el síndrome. Sus palabras eran muy alentadoras y nos decían que todo don procedente de Dios es bueno, y que hemos recibido una bendición muy especial del Señor. Yo solo podía recibir unas palabras como esas de alguien que está experimentando lo mismo. Esta es una senda completamente nueva para todos nosotros. Me alegro que él esté al control y que podamos apoyarnos en nuestro Señor.

»Jacob parece disfrutar la vida a plenitud, a todo le saca más producto que los demás niños normales. Se ríe, besa, abraza y aplaude muy a menudo. Le encanta aprender nuevas cosas y repetirlas una y otra vez. Está aprendiendo a hablar por señas para disminuir la frustración de la demora para hablar. En agosto le quitaron la colostomía y ahora está completamente recuperado.

Algunos sienten repulsión hacia él; otros son tiernos y compasivos».

La oración de Nancy: «Gracias, Señor, por esta oportunidad de confiar en ti cuando no entiendo nada. Ayúdame a fijar mi vista en Jesús y su perspectiva eterna a largo plazo. Él tiene el telescopio. Él nos ama a mí y a Jacob, por solo ser personas hechas con el propósito de reflejar su gloria. Jacob y otras personas como él nos ofrecen la oportunidad de ser compasivos y cariñosos, y no mezquinos, ni tan limitados e intolerantes. Esta es una crisis de fe para mí. Confío en que tú, Padre, sepas qué es lo mejor. Logra tu perfecta voluntad para todos los involucrados. Que Jacob pueda conocerte a una edad temprana y amarte y alabarte siempre. Permite que él sobrepase los límites que los médicos se fijan y así lograr tu voluntad y propósito para su vida. Confío en que harás esto, mi Salvador. Amén».

Ora por la incapacidad de tu nieto

Recientemente Susan y su esposo se trasladaron de un estado a otro para estar más cerca de su nieto Jerry, de dieciocho años, que tiene distrofia muscular. Oran, se ríen y hablan juntos acerca de cualquier cosa que esté en el corazón de Jerry, y estudian las Escrituras acerca de la sanidad y los cielos. Ya ha vivido más tiempo de lo que los médicos pronosticaron y quieren acompañarlo tanto como sea posible.

«No dejo de pedir que el Señor sane a Jerry y le dé una vida larga y productiva», dijo Susan. «Ruego que sus padres tengan fortaleza, paz y valor para cuidarlo en la casa. Alabo a Dios por permitir que este hijo participe en mi vida durante tanto tiempo como él disponga y, además, lo alabo por todo el gozo que trae a nuestra familia. Pido a Dios que guíe las manos y dirija las mentes de los médicos y los que estén involucrados con el tratamiento de mi nieto. También oro pidiendo avances médicos para combatir esta enfermedad».

Aquí está una oración de una abuela por un niño con dificultades menores: «Señor, mi nieto nació antes de tiempo y durante toda su vida ha padecido de un impedimento en el habla, además de otros problemas. Ahora se va para una escuela que está en otra ciudad lejos de la familia. Me preocupa porque todavía es gago y más lento que los demás. Sus compañeros de clases serán alumnos inteligentes y activos. Señor, ayúdalo a cumplir con sus tareas escolares. Dótalo de un sentido de propósito a medida que estudia en su esfera de interés. Dale a los instructores corazones compasivos, mientras lo enseñan y motivan. Gracias, Señor, por amarlo, guiarlo y protegerlo ahora que estará viviendo por su cuenta. Sigue tocando su cuerpo con tu poder sanador y capacítalo para que se desenvuelva bien a pesar de sus limitaciones actuales. Amén».

Una abuela cuya nieta es autista ora: «Señor, mi nieta es autista y sus padres la han llevado a vivir en una casa donde hay otros como ella, aunque está a dos horas de viaje de su casa. Esta decisión me ha hecho agonizar. Sin embargo, fue una elección que ellos tuvieron que hacer. Su mamá, que se encarga de ella, ya no puede atenderla porque tiene mucha fuerza física y se destruye a sí misma y a todo lo que la rodea. Ahora te ruego que todos los que cuiden de esta niña especial tengan tu sabiduría. Ruego por su protección y seguridad. Señor, te ruego que de alguna forma penetres en su alma para que ella sepa que la amamos y aceptamos. Amén».

Las oraciones de las abuelas prevalecen

Pauline vivía cerca de mí (Quin), en el noroeste de la Florida, cuando recibió una llamada por teléfono para decirle que su nieta, Toni, había nacido en Mobile, Alabama. Sin embargo, la noticia no era del todo buena. La bebé tenía convulsiones y el escáner CT mostró que había un derrame en el lóbulo frontal derecho del cerebro.

Cuando Pauline y su esposo, Joe, subieron al carro para manejar los 200 kilómetros que los separaba del hospital, Joe oró: «Señor, pon una nueva arteria en su cerebro. Esta criatura es carne de mi carne, hueso de mis huesos. Te ruego, Señor, que reemplaces esta arteria que sangra. Gracias por oírme».

Después que ambos oraron durante más o menos cuarenta minutos, Joe sintió que una paz lo inundaba. «Creo que ya se resolvió», le dijo a Pauline. «Siento la paz de Dios en esta situación».

Tan pronto como llegaron al hospital, el neurocirujano habló con ellos dos. Como Pauline y él ya se conocían desde que ella trabajó de enfermera, le dijo: «Ya tú sabes lo que esto significa, su lado izquierdo estará paralizado. Tendrán que conseguirle cuidado de por vida».

«Entiendo lo que dice», le dijo Pauline al médico. «¡PERO DIOS! Nuestro Dios es capaz de sanar». Joe asintió y repitió: «Pero Dios...»

Las convulsiones de Toni cesaron. Los médicos mostraron a la familia los resultados del escáner para probar que lo que habían dicho era médicamente correcto. «Pero Dios...» repetían los abuelos en voz alta.

Pauline compró unas cintas grabadas con canciones cristianas de cuna y les pidió a las enfermeras que mantuvieran a Toni oyéndolas dentro de su incubadora, y así lo hicieron. Dos días después Toni salió del hospital. Como los médicos estaban seguros del diagnóstico, le hicieron exámenes con frecuencia durante los primeros seis meses de su vida. Pero ella no volvió a tener convulsiones.

Hoy Toni tiene doce años y su salud es excelente. Pauline y Joe están convencidos de que la victoria se ganó ese día mientras ambos oraron de camino al hospital. «Creo que en el momento en que Joe sintió alivio en su espíritu, nuestra nieta recibió un toque de sanidad de Dios», dice ella.

Ya que tienen siete hijos y veinte nietos, Pauline y Joe tienen una libreta de oraciones dividida en siete secciones. Cada día de la semana oran específicamente por uno de los hijos, su cónyuge y los hijos de estos. Desde luego, ellos oran por las crisis de la familia a medida que estas suceden, y todos los días cubren a todos los demás hijos y nietos en una oración general.

Una tarea para la oración de las abuelas

Bea sintió que Dios le estaba dando una nueva tarea para orar, cuando su hija y yerno obtuvieron el cuidado legal de su sobrino Jed, de tres años. Aunque su hija, Corrie, tenía otros hijos, Bea aceptó a Jed en la familia como un nieto. Oraba por él con regularidad, de la misma manera que lo hacía por los otros cuatro nietos. Debido a que su vida era tan inestable por la adicción a las drogas de su mamá, ella especialmente rogaba a Dios porque le diera paz.

A veces Jed era problemático, luchaba por llevarse bien con todos y a menudo se irritaba por no poder vivir con su mamá. A medida que pasaron los años creció odiando el daño que las drogas le habían hecho a ella, sin embargo, sentía compasión y era muy protector de su madre disfuncional. Su meta era crecer, tener un buen ingreso y algún día cuidar de su mamá. A los nueve años Jed aceptó a Jesús como su Salvador, y fue regularmente a la iglesia con la familia.

Un día muy frío de invierno, luego de cumplir once años, él, sus padres adoptivos y los primos disfrutaron de un maravilloso día en familia, jugaron e hicieron algunos trabajos manuales. Esa noche todos fueron a dormir temprano, excepto Corrie, que se quedó tejiendo. Más tarde, cuando fue a despedirse de Jed con un beso, alrededor de las diez de la noche, llamó gritando a su esposo para que este viniera enseguida.

Encontró el cuerpo de Jed colgando de la litera superior de su cama con un cinto alrededor del cuello. Ese día había estado jugando con el cinto, usándolo como una cuerda para su cachorro imaginario. Pero de alguna forma se enredó y evidentemente estaba tratando de safarse cuando haló el cinto en sentido contrario. Ahora un accidente había cobrado su vida.

Cuando la abuela Bea recibió la llamada por teléfono, de inmediato empezó a orar en voz alta, pidiéndole a Dios que derramara su amor sobre Corrie y su familia. Fue como si el hábito de Bea, de orar por Jed, preparara el camino para orar fervientemente cuando ocurrió esta tragedia.

«Sabía que Jed estaba en la gloria, había hablado con él acerca de su relación con Jesús, y estaba seguro de eso», dice ella. «Pero también sabía que no había nada que Corrie y su esposo pudieran hacer por devolverle la vida. Rogué que toda la familia recibiera el consuelo y la paz de Dios, sin sentir una falsa culpa o remordimiento. Ellos le habían dado un hogar amoroso e hicieron por él lo mismo que por su hijo mayor. Todos supieron que fue un accidente, y esto los ayudó a sobreponerse de la terrible pérdida. Pero solo Jesús puede traer consuelo en medio de algo tan traumático».

Nietos abusados o abandonados

El Dr. John Trent, escritor y sicólogo, habla de los abuelos como los «agentes especiales» de Dios para dar amor y aceptar a los niños que sufren por la falta de amor y que muy fácilmente crecen sintiéndose inservibles. Él contó esta historia acerca de una niñita, la menor de seis hijos, cuyos hermanos se reían de ella y les decían a sus vecinos que no era hermana de ellos. Él escribe:

Cuando Judy era una niña, los abuelos vivían a dos casas de ella. Su abuelo era un carpintero retirado con ojos brillantes y azules y unos brazos fuertes pero tiernos que la abrazaban todos los días. Y en todo alrededor no había mejores piernas donde sentarse que las de su abuela.

Todos los días después de terminar en la escuela, ella corría hasta la casa de los abuelos para comerse unas galletas o merienda antes de irse para su casa donde le esperaba el ridículo. No solo buscaba algo para su estómago, sino también para llenar su corazón y alma antes de dirigirse al «desierto».

Un poco de harina y azúcar podrán hacer unas buenas galletas, pero aun mejores eran las palabras y cariños tiernos y frescos de los abuelos. Para ellos, ella siempre era especial, profundamente querida y muy valiosa. Ellos, no sus padres, llevaban a Judy a la iglesia y le regalaron un anillito de promesa. Tenían esperanzas de que la niña tuviera un futuro positivo. Judy devoraba sus «galletas para el corazón» y ahora se las da liberalmente a sus propios hijos y a otros. Cuando los padres estaban muy ocupados para escucharla, abuela y abuelo no tenían nada más que tiempo.[1]

Esta es una oración por un nieto que sufra cualquier tipo de abandono o abuso:

Señor, cura las heridas emotivas que mi nieto(a) ha sufrido por causa del rechazo, ridículo o abuso físico o sexual.

---

[1] John Trent, *Quiet Whispers from God's Heart for Parents* [Tranquilos susurros del corazón de Dios para los padres], J. Countryman, Nashville, TN, 1999, pp 99-100.

Ayúdame a alcanzarlo con amor para ofrecerle consuelo y un oído que lo escuche. Envía amigos y maestros en su camino que le ayuden a desarrollar su autoestima y hacerle ver que para ti es valioso(a). Trae restauración cambiando sus recuerdos negativos con un sentido de seguridad en tu amor. Sálvalo(a) en cuerpo, alma y espíritu. Señor, oro en el nombre de Jesús. Amén.

Un ataque vicioso

Sucedió que abuela Portia y su esposo estaban visitando su lugar de procedencia cuando uno de los nietos sufrió una experiencia horrible. Sandy, de ocho años, iba caminando para su casa desde donde una amiga, cuando dos feroces perros la atacaron. Una madre con un bebé en el coche, les había pegado con la sombrilla causando que ellos atacaran más tarde a Sandy. Los vecinos vieron sin poder hacer nada, cómo estas fieras seguían mordiendo a Sandy. Cuando una ambulancia la llevó al hospital, alguien llamó a los abuelos.

Tan pronto como la abuela Portia oyó acerca de este episodio terrible, llamó a varios compañeros de oración del área. Ellos, a su vez, pidieron que otros oraran por la niña. Como la madre de Sandy trabajaba para un equipo de médicos, muchos de ellos corrieron inmediatamente para reparar el daño severo que la niña tenía en su brazo y pierna. Le habían arrancado la piel del brazo derecho y tenía cortadas profundas por las mordidas en la pantorrilla de la pierna izquierda.

«Estaba especialmente perturbada con este ataque porque sabía que mi nietecita tenía el mismo llamado y ungimiento en su vida para interceder que Dios me había dado», dice Portia. «Comencé a orar, "Señor, confío en ti, ahora. Ven a sanar y ayudar a mi nieta". Entonces, dirigiéndome al enemigo de mi alma, dije en voz alta:

"¡En el nombre y con la autoridad de Jesucristo de Nazaret, declaro destruido el plan del enemigo de desfigurar a mi nieta, atemorizarla, o hacerla sufrir continuamente con dolores!"»

Ya que la pequeña Sandy perdió mucho de su pantorrilla en una pierna, tuvo que sufrir varias cirugías durante los próximos años. Hoy, a la edad de catorce años, ella no está desfigurada, y las cicatrices apenas se notan. Es notable, y sin duda alguna, que debido a las continuas oraciones de su abuela contra los temores, Sandy puede estar rodeada de perros sin sentir miedo de que la muerdan. Mejor aun, Sandy es muy entusiasta con el Señor, informa Portia, y está siguiendo los pasos de su abuela como intercesora.

Motiva a tu nieto

Todos los nietos necesitan motivación, alguien que se les acerque para brindarles consuelo, elogios y apoyo durante cada fase de sus vidas, especialmente cuando están atravesando tiempos difíciles. Ellos necesitan una persona que les diga cuánto lo aprecian, aceptan y aman. Necesitan a alguien que los anime. Necesitan oír: «¡Vas a lograrlo! Estoy aquí por si necesitas hablar». ¿Quién mejor que los abuelos?

Además de orar fielmente por tus nietos, busca oportunidades para animarlos con frases que les adornen el día. Agrega a la lista otros atributos que reconozcas en tu nieto. Ellos necesitan saber que tú los animas y que siempre los aprecias. ¿Cuántas cosas les puedes decir a tus nietos que aprecias de ellos si te detuvieras para nombrarlos ahora mismo? ¿Cuántas palabras de elogio están en la punta de tu lengua? Aquí tenemos algunas para comenzar:

- Me da mucho gusto que sea mi nieto.
- Eres un tipo muy interesante.
- Eres mi princesita.
- Eres tan divertido.
- ¡Estoy tan orgullosa de ti!
- De veras eres un tesoro.
- Me haces reír.
- Hoy me hiciste feliz.
- Eres un buen oyente.
- Hiciste un buen trabajo en ese proyecto.
- Obedeces mucho a tus padres.
- Gracias por compartir con tu hermana(o).
- Eres un buen amigo.
- Fuiste muy generoso con esa persona.
- Te portaste con valentía en el dentista (o consulta del médico).

Las abuelas oran juntas

Como tal vez la mayoría de nosotros hemos experimentado, nosotras las abuelas también nos dolemos, cuando nuestros nietos están luchando con problemas emocionales o físicos. ¿Y quién mejor que otra abuela se puede relacionar a esos sentimientos? Formar una sociedad con otra abuela, o un grupo de dos, tres o cuatro, es una forma maravillosa de comentar los problemas, fuentes y lecciones aprendidas. Cuando uno ve sus oraciones contestadas, las demás se motivan a permanecer firmes en la fe mientras disfrutan el gozo de la victoria de su amiga.

Recuerda, ¡no hay distancia en la oración! Nuestra intercesión por los nietos trasciende a todas las zonas de tiempo, todas las barreras culturales, de generaciones e idiomas, tanto como las limitaciones de nuestra comprensión. Orar con una compañera de oración o un grupo, ayuda a mantener esta verdad en perspectiva.

Pam y Jane han orado juntas durante más de veinte años, primero por las hijas y ahora por los nietos. Ya que las que una vez fueron vecinas no viven cerca una de la otra, con frecuencia ellas oran por teléfono. Pam dice que tan pronto como saben que alguna de las hijas está embarazada, comienzan a orar por la criatura que aún no ha nacido, afirmando la obra redentora de Cristo en la cruz para el niño(a) que esperan.

«Dios prometió bendecir la raíz de la simiente de Abraham, y hay muchas bendiciones prometidas en la Biblia por la simiente de los justos», dijo Pam. «Así que pedimos algunas de estas promesas para nuestros nietos mientras que ellos todavía están en el útero» (Proverbios 11:21).

Un pasaje en particular que se puede usar para orar es Isaías 59:21: «En cuanto a mí —dice el Señor—, este es mi pacto con ellos: Mi Espíritu que está sobre ti, y mis palabras que he puesto en tus labios, no se apartarán más de ti, ni de tus hijos ni de sus descendientes, desde ahora y para siempre —dice el Señor—.»

«Oramos la Palabra, porque sabemos que no podemos equivocarnos con ella», dice Pam. «La oración ha logrado grandes transformaciones en la vida de nuestros hijos y nietos».

Carmen y Sylvia, su compañera de caminatas, oran juntas mientras caminan temprano alrededor de la pista de la escuela todos los días. Por lo menos una vez a la semana oran por sus diecisiete nietos, nombrando a cada uno individualmente.

«Es una reunión de oración privada en el exterior», dice Carmen. «Cada una de nosotras ora de la manera que sienta la guía del Espíritu Santo a medida que comentamos las necesidades que tenemos, pero nos hemos comprometido a ser confidenciales. Hemos visto algunas respuestas maravillosas a las oraciones: Un niño que mejora en la escuela, otro recuperándose con rapidez de una enfermedad y otro que está atravesando una etapa difícil. Más de una vez, después de orar, les sugerimos a los padres que lleven el niño al médico aunque exista muy poca razón visible para hacerlo. De esta forma se han descubierto muchas infecciones de los oídos».

El beneficio de los grupos de apoyo

Vivian cree que uno de los beneficios más grandes que ha experimentado en su familia es formar parte del grupo de apoyo cristiano al que ha pertenecido durante veintitrés años.

«Me pregunto si seguiría siendo una abuela de oración, si no fuera porque pertenezco a este grupo», dice ella. «Nuestros seis hijos crecieron con mujeres orando en nuestro hogar todos los viernes por la mañana y lo consideraron normal en la vida cristiana, tenían mentores sin saberlo. Hoy, todos ellos pertenecen a algún grupo en el hogar de alguna clase, aprendiendo a amar y orar los unos por los otros y por los hijos de unos y otros. ¡Gracias a esto el trabajo de oración de las abuelas es mucho más fácil!»

Los seis hijos de Vivian y diecisiete nietos están muy esparcidos, pero a diario se comunican por teléfono y correo electrónico y tienen reuniones familiares durante el año. Los gabinetes de la cocina están cubiertos con fotografías de sus hijos y sus familias, y fotografías enmarcadas de cada nieto cuelgan de las paredes de la sala.

«Declaro la Palabra de Dios y todos los días pido bendiciones por cada uno de ellos», nos contó Vivian. «A veces me veo cantando por ellos según el Señor me guíe a uno en particular ese día. Estos momentos de oración son preciosos para mí. Cuando nuestros nietos nos llaman con peticiones de oración, oramos juntos telefónicamente por ellos, y luego, mi esposo y yo oramos juntos. El fruto más dulce es orar con mi esposo y ver que a nuestros nietos los estén criando padres de oración. Tres de nuestros nietos mayores están ahora en sus propios grupos pequeños de hogar. Pasar a nuestros hijos y nietos una rica herencia espiritual en Jesús es la mayor bendición que ellos pueden recibir. Fluirá en nuestra familia por muchas generaciones venideras».

Nuestra oportunidad

Con frecuencia solo estamos a un paso para tener la entera responsabilidad y privilegio de la crianza diaria de nuestros nietos. Esto a veces nos hace sentir incapaces de ayudar o influir tanto como quisiéramos cuando el niño(a) está dolido(a), especialmente si están viviendo en hogares rotos.

En este capítulo, como muestran las historias de las abuelas, podemos encontrar maneras para participar motivando a nuestros nietos, ayudándolos a encontrar respuestas a sus perplejas preguntas y asegurándonos que se sientan queridos, no importa la situación que estén encarando.

Pero orar por nuestros preciosos adoloridos es algo que continuamente podemos hacer detrás de la escena. Dios nos ha colocado en sus vidas como guerreras de oración para tiempos como estos. Nuestra oportunidad de orar no es una forma pasiva ni ociosa de pasar el tiempo cuando no «podemos» hacer algo. Es una fuerza potente y poderosa que nos invita a liberar. ¡Es nuestra oportunidad para la acción!

Oración

Señor, haz que las heridas de mis nietos sean victorias en ti. Haz que confíen en ti para curar los rechazos y desengaños, abandono y celos, o cualquier otra cosa que los atribule. Te ruego que les quites el dolor de recuerdos desagradables, y en su lugar dales gozo y esperanza. Dame creatividad para responderles y consolarlos cuando estén heridos. Amén.

Pasajes bíblicos de ayuda

Porque el Señor consuela a su pueblo y tiene compasión de sus pobres.   *Isaías 49:13*

La paz les dejo; mi paz les doy.
Yo no se la doy a ustedes como la da el mundo.
No se angustien ni se acobarden.
    Juan 14:27

Que nuestro Señor Jesucristo mismo y Dios nuestro Padre, que nos amó y por su gracia nos dio consuelo eterno y una buena esperanza, los anime y les fortalezca el corazón, para que tanto en palabra como en obra hagan todo lo que sea bueno.
    2 Tesalonicenses 2:16-17

Oración de las Escrituras

Gracias, Señor, por ser nuestro amparo y nuestra fortaleza, nuestra ayuda segura en momentos de angustia. Señor, enseña a mi nieto(a) [nombre] a no temer, no importa lo que pase, sino a buscarte, al creador del cielo y la tierra, para su ayuda. Gracias por proteger a [nombre] desde ahora y para siempre. [Salmos 46:1-2; 121:2,7]

Citas bíblicas relacionadas al tema

Salmo 23; 103; Isaías 53; Romanos 8:28-39.

7

Ora por las familias destruidas a causa de la muerte o el divorcio

Aferrémonos a la fe que profesamos. Porque no tenemos un sumo sacerdote incapaz de compadecerse de nuestras debilidades, sino uno que ha sido tentado en todo de la misma manera que nosotros, aunque sin pecado. Así que acerquémonos confiadamente al trono de la gracia para recibir misericordia y hallar la gracia que nos ayude en el momento que más la necesitemos.

Hebreos 4:14-16

Es fácil concentrarnos en las características negativas de los demás. Por el contrario, debemos verlos como Dios los ve. Busca los puntos fuertes y el potencial que no estén desarrollados en los miembros de tu familia. Tu fe en ellos puede ser el catalizador que los ayude a desplegar sus dones escondidos. Tu llamado durante dificultades en las relaciones familiares no es para contribuir al problema sino a la solución.

H. Norman Wright, *Family Is Still a Great Idea*
[La familia sigue siendo una gran idea]

El divorcio o la muerte en la familia causan angustia a nuestros nietos, al igual que a los padres y a los abuelos. Una abuela experimentaba el dolor de tener dos queridos nietos arrancados de su lado por causa del divorcio cuando la madre se los llevó y se mudó a un estado distante. Ella escribió:

«El dolor de su partida permaneció en los escondites de mi corazón hasta que decidí dejar que el Espíritu Santo se lo llevara y lo reemplazara con esperanza. En las siguientes semanas, Dios, en su misericordia, me demostró día a día, que él tenía el control de las circunstancias y que podría cuidarme y también a los tan queridos para mí. Comencé a sanarme y aprendí que un adiós no significa que sea algo definitivo».[1]

A veces hay una ventana de oportunidad para orar por la reconciliación de los padres, pero eso depende de la voluntad de los involucrados. Con el propósito de este libro en mente, nuestra oración principal se enfoca en el bienestar de nuestros nietos. Cuando los padres se divorcian, los niños pueden sufrir varias consecuencias como son:

- temor al futuro
- sentido de rechazo y soledad
- rechazo a Dios
- celos de amigos cuyos padres están juntos
- dificultad financiera
- culpa, creyendo que de alguna forma contribuyó al divorcio
- frustración en sus relaciones con los padres separados o el nuevo compañero(a)
- enojo que ellos mismos no comprenden
- las complejidades y desafíos de edificar nuevas relaciones en familias mixtas si uno o ambos padres se vuelven a casar.

Los abuelos, especialmente si viven cerca, pueden

[1] Irene M. Endicott, *Grandparenting Redefined* [Redefinir el ser abuelo], Aglow International, Lynnwood, Washington, 1991, p. 73.

ser unos buenos oyentes y una fuerza estabilizadora en el ambiente de los niños, hasta que sus vidas recuperen alguna normalidad. Permítales hablar acerca de sus sentimientos y expresar sus frustraciones, si así lo desean hacer. Pero si no lo hacen, quédese a su disposición ofreciéndoles amor y abrazos incondicionales. Y siempre hágales saber que ora por ellos.

Continúa conectada aunque haya un divorcio

María estaba triste luego que su familia se desbarató con motivo de un divorcio. Tommy y Bunnie, su hijo y nuera, se casaron cuando solo tenían diecinueve años. Bunnie se convirtió en una mamá ama de casa cuidando del hijo y la hija que nacieron poco después del matrimonio, mientras que Tommy fue a la universidad. Pero en pocos años, Bunnie se cansó de que Tommy pasara tantas horas fuera del hogar debido a su trabajo y las clases. ¿Esperaba él que ella fuera la única que se ocupara de cuidar los muchachos? Las tensiones se amontonaron. El divorcio pareció inminente.

«Empapé este matrimonio deteriorado en oración e hice todo lo que me fue posible hacer para mantenerlo unido», dice María. «Pagué un consejero matrimonial, cuidé a los niños para que ellos pudieran tener salidas románticas, y le compré nueva ropa a Bunnie, hasta la guié al Señor».

El consejero le dijo a Bunnie que se fuera del estado y comenzara una nueva vida, lo cual devastó a María. «Dios, tú sabes que no quiero que se muden», oró ella. «¿Cómo podré perder a mis preciosos nietos? Pero Señor, quiero tu voluntad, porque sé que es lo mejor».

Ella sintió que Dios le murmuró a su corazón: *Déjala ir; yo la voy a bendecir.*

Con esto, María le dio su bendición y le dijo a Bunnie que sentía que Dios bendeciría su futuro. Cuando Bunnie vendió la casa y empaquetó las cosas para mudarse, María pensó cómo ayudarla. Compró juegos para que Tonya, de cuatro años, y John, de seis, jugaran en el carro y les preparó meriendas y golosinas para el viaje. Los despidió con sus oraciones, amor y un corazón triste. Pero sabía que Dios tenía el control e hizo todo lo que pudo para expresarle su amor a Bunnie. María nunca se puso de parte de uno de los dos, durante el proceso del divorcio nunca habló mal de Bunnie a los niños, ni a sus amistades y compañeros de oración.

Resultó que los niños se quedaron con la mamá sola durante unos años y luego volvieron a vivir con su papá y cerca de los abuelos. En el medio tiempo, María y su esposo le pagaron la universidad a Bunnie, y luego ella comenzó un negocio. Dios verdaderamente la bendijo. Más tarde se volvió a casar y tuvo dos hijos más, pero Bunnie sabía que tenía una amiga en su ex suegra.

Cuando Tonya y John volvieron para vivir con su papá, la abuela María se convirtió en casi una madre sustituta. Ella reconocía que Bunnie les había permitido regresar porque confiaba en María, y sabía que si sus hijos alguna vez necesitaban algo, la abuela se lo resolvería.

«Aprendí que los abuelos deben sacrificarse», dice María. «Mi hijo trabajaba por las noches, así que a menudo yo cuidaba a los niños aunque no fuera muy conveniente para mí. Durante varios años puse a un lado casi todas mis actividades sociales para estar con John y Tonya, llevándolos a los programas de la escuela y las actividades deportivas, trayéndolos a dormir en la casa. El divorcio me hirió emocionalmente, pero tenía que mantener mis ojos en la meta de velar por el beneficio de los niños en primer lugar. Aprendí que la oración y el perdón son dos ingredientes esenciales para ayudar a mantenerse después que una familia se divide».

La abuela María tiene otra meta importante: Velar porque los padres y los abuelos sean amigos. Y fue así. Cada vez que Bunnie vino a visitar a los hijos, María le prestaba el carro. Cuando los niños hablaban con su mamá Bunnie podía notar por su conversación que María no les había hablado mal de ella.

Diez años después que John y Tonya vinieron a vivir con su papá, Tommy se volvió a casar y tuvo dos hijos más. María y su esposo le pagaron a John y a Tonya los estudios universitarios. Ambos se graduaron y tuvieron éxito en sus carreras. Tommy y Bunnie permanecieron amigos, y no hay fricciones entre los nuevos cónyuges de ambos lados. María dice que el enfoque de sus oraciones era que todos ellos mostraran respeto entre sí. Cuando el nuevo esposo de Bunnie estaba renuente a conocer a la ex suegra de su esposa, Bunnie le aseguró: «Cuando conozcas a abuela María la querrás enseguida». Y así fue.

«No estoy diciendo que fuera siempre fácil para los niños ir y venir de un lado al otro», dice María. «Pero ellos se adaptaron bastante bien, y sabían que su abuela siempre estaba de su parte. Saturar en oración a una familia en medio de las condiciones de un divorcio, es a veces lo único que pueden hacer los abuelos. El divorcio fue una de las experiencias más dolorosas que tuvimos que sufrir, pero Dios fue fiel. Pude ver crecer a mis nietos, y hoy todos nos llevamos bien».

No todas las familias salen de un divorcio tan suavemente como esta, pero la historia de María brinda el ánimo y la esperanza ya que esto es posible. Tampoco los abuelos tienen siempre la capacidad financiera para ayudar a los nietos en tantas maneras como estos. Pero Dios es capaz de suplir lo necesario en cada situación en respuesta a la oración.

Lidia con el dolor

Los hijos de los divorciados tal vez vean la ruptura de sus hogares como lo peor que los haya impactado en la vida. A menudo sienten que no pueden hablar con uno de los padres sin estar traicionando al otro. Las abuelas necesitan dejarles saber a sus nietos que a ellos siempre les pueden hablar, en cualquier momento y a cualquier hora, respeto a la montaña rusa emocional que experimentan. Aunque no puedan suplir respuestas satisfactorias, cosa que sucede a menudo, la disposición de oír es importante.

En *El libro de la abuela,* Jan Stoop y Betty Southard cuentan la historia de una abuela que quería con desesperación consolar a su nieta sollozante, de tres años de edad, cuyos padres se estaban divorciando. Pero los intentos para consolar a la niña, acuclillada en el piso, solo resultaron en explosiones de ira. Por último, la abuela se tiró también en el suelo junto a la niña y se acostó quietamente hasta que cedieron los sollozos. Entonces le dijo: «Óyeme chica, vamos a hacer rositas de maíz». En ese momento la solución no fue hablar, pero la presencia tranquila de la abuela fue una influencia calmante. Las autoras escriben:

> No existe un lugar cómodo para los niños que están experimentando la separación o divorcio de sus padres. Es como si estuvieran viviendo en un puente; ellos no pertenecen a ninguno de los lados de la corriente. Y como no pertenecen a ninguno de los lados, a menudo terminan por construir su propia casita de protección en alguna parte de ese puente, en algún lugar secreto

de los que viven en ambos lados. Hasta la abuela puede estar excluida en esa casa, especialmente si se involucra en el pleito. Por otra parte, si la abuela es confiable, tal vez sea la única que pueda entrar.

Es difícil mantenerse fuera del pleito. Tú ves cosas y las entiendes. Pero recuerda, más que nada, los hijos que están en medio de un pleito familiar, necesitan un lugar seguro. Necesitan adultos que puedan estar ahí en la casita del puente con ellos.[2]

A veces, es una verdadera prueba para las abuelas no ponerse de parte de uno de los dos, si los nietos quieren hablar acerca de uno de los padres o de un padrastro o madrastra. Pero cuando escuchamos con sensibilidad lo que están diciendo, les enseñamos que pueden confiar en nosotros. Estamos entregándoles este mensaje: «Este es un lugar seguro. Nuestra conversación será confidencial».

El poder del amor y las oraciones de las abuelas

Margaret es una abuela típica embelesada con su primera nieta, una bellísima niña llamada Sherry. El trabajo de su hijo lo obligaba a viajar constantemente viviendo en moteles casi todo el tiempo, por consecuencia durante dos años su esposa Sonja y la bebé con frecuencia se quedaban en casa con Margaret y su esposo Bill. Gradualmente la separación y otros problemas familiares causaron que el matrimonio se deteriorara. Poco después del nacimiento de la segunda nieta, las cosas empeoraron. La joven pareja se divorció y Sonja se fue con las dos niñas.

[2] Jan Stoop y Betty Southard, *The Grandmother Book* [El libro de la abuela], Thomas Nelson, Nashville, 1993, pp. 211-212.

«Pasaba mucho tiempo cuando ninguno de nosotros sabía de Sonja ni las niñas», cuenta Margaret. «Durante los tres años que esto sucedió, Dios me comenzó a enseñar la importancia que tienen las oraciones de las abuelas. Un día estaba orando por las niñas (o quizás solo lloraba la pérdida) cuando Dios me interrumpió. En mi corazón le oí decir: *Si de veras estás preocupada por las niñas, necesitas orar por la mamá.*

De inmediato repliqué: *Dios, ¿acaso no sabes que ella hirió profundamente a mi hijo, traicionó nuestra confianza y está exponiendo a las niñas a peligros inconcebibles? ¿Y estoy supuesta a orar por ella?*

Margaret dice que sintió que Dios le respondió: *Sí, después de todo es la madre.* Aunque detestó admitirlo, supo que Dios tenía razón. Así que abrió la Biblia, buscó pasajes pertinentes y comenzó a parafrasearlos en oraciones de acuerdo a la situación. Durante este tiempo de vez en cuando Sonja se comunicó con Margaret y Bill desde un teléfono público, pero la única dirección que nos dio fue el nombre del pueblo adonde podíamos enviarle dinero.

«Dios le dio a Bill la sabiduría de reconocer que era importante, por el beneficio de las niñas, mantener abiertas las líneas de comunicación», dice Margaret. «Algunos tal vez decían que nos estábamos dejando usar, pero sabíamos que estábamos siguiendo las instrucciones de Dios. Una vez que llamó, convencí a Sonja para que me diera una dirección para envíos generales a donde le pudiera escribir. Le envié oraciones parafraseadas de la Biblia y le dije que si comenzaba a orar así diariamente, las cosas le irían mejor».

Más adelante, Margaret supo que su nuera llevaba esa carta en su cartera dondequiera que iba. Sus amistades se reían de que ella la leyera, pero entonces les contestaba: «No, yo sé que esto es cierto, y estas oraciones funcionan».

«Le dije que Bill y yo la queríamos, y que haríamos cualquier cosa que pudiéramos para ayudarla a arreglar su vida nuevamente, y que cuando quisiera volver le daríamos la bienvenida». Margaret dijo: «Para entonces, Dios me había dado un amor sobrenatural por Sonja. Él me enseñó que ella de veras quería a sus hijas, y que podía usar ese amor para sacarla del estilo de vida destructivo que estaba viviendo».

Mientras tanto, Dios le dio a Margaret un aliado inesperado. Una noche, de la nada, recibió una llamada de la hermana de Sonja, expresándole su preocupación. Ella y su esposo consideraron que, si Margaret y Bill querían quedarse con las niñas, estarían mejor con ellos. Todos parecían tener urgencia con este asunto. De nuevo Margaret le informó a su nuera que sería bienvenida en su hogar, y la hermana acordó tratar de convencer a Sonja para que esta aceptara la oferta. Margaret le contó a la hermana de Sonja sobre las oraciones basadas en la Biblia para que ambas oraran en mutuo acuerdo.

«¡Dios es tan fiel!» informó Margaret. «Una vez que comencé a orar de acuerdo a la voluntad de Dios, las cosas comenzaron a suceder. En menos de dos meses, Sonja y las dos nietas regresaron a la casa. Durante ese mismo tiempo, Dios me dio pasajes para enviarle a mi hijo. Le pedí que los leyera todas las mañanas cuando se levantara... y lo hizo. La misma semana que Sonja llamó para decir que quería volver a la casa, nuestro hijo llamó y preguntó: "Mamá, ¿podría volver a la casa durante un tiempo?" Admito que fui cobarde. Hasta que llegó no le dije que habíamos extendido la misma invitación a Sonja antes de conocer sus planes».

Este no es el cuento de Cenicienta donde por siempre todos vivieron felices. Por desgracia, aunque lo intentaron durante un tiempo, la pareja no pudo restaurar el matrimonio.

«No me corresponde culpar o juzgar por qué la reconciliación no fue posible», dijo Margaret. «Yo sé que la Palabra de Dios siempre funciona, y la falta no fue de Dios. Sonja se volvió a casar con un hombre de nuestro pueblo, así que tuvimos el privilegio de ver crecer a nuestras dos nietas cerca de nosotros. Ojalá que Bill y yo hayamos tenido alguna influencia positiva en sus vidas.

»Cuando Sherry tenía como siete años, un día se me escapó un comentario: "Ni siquiera las abuelas son eternas". El terror que se reflejó en su cara me conmovió, fue como si Dios tomara una fotografía para darme un retrato permanente de ese momento. Él quiso enseñarme la importancia de mi papel de abuela, y cuánto Sherry, en especial, dependía de mí. Fue un pasmoso "momento de Dios". Ahora que ya está por cumplir dieciocho años, planeo escribirle una carta para señalar este hito en su vida y decirle lo especial que es para mí. Sigo orando la Palabra de Dios por ella, pidiéndole al Señor que guíe sus pasos y la mantenga cerca de él.

»Nuestros dos hijos y una hija nos han dado nueve nietos. Una y otra vez se registran momentos en los cuales Dios me da la percepción de cómo orar por una necesidad, en particular por alguno de los nietos, o qué palabra específica decirles. ¡Qué privilegio es ser abuela!»

Un nido vacío que vuelve a llenarse

Rena, una amiga casada con un ministro que viaja todo el tiempo, acababa de llegar a los años del «nido vacío» y se entusiasmó pensando unirse a él en la mayoría de los viajes. Entonces recibió una llamada telefónica de su hija mayor, Elaine, que la devastó.

«Me dijo que su matrimonio había terminado, y ella se iba con nuestro nieto, Dyland, de cuatro años», nos cuenta Rena. «Como no tenía dónde ir, desde luego le dije que podía volver a la casa, a lo cual accedió. Tenía que buscar un trabajo de tiempo completo, y yo estaba totalmente opuesta a que pusieran a Dyland en una guardería, así que me convertí en su niñera desde las 7:30 a.m. hasta las 6:30 p.m. todos los días de la semana. Mi esposo y yo consideramos que nuestro papel, durante esta época, era ofrecer un amor incondicional a nuestra hija y nieto, y tratar de brindar estabilidad en sus vidas».

El nuevo papel de Rena no era fácil. Dylan estaba resentido con su papá, pero lo extrañaba. El divorcio lo traumatizó y, además, estaba confundido con los drásticos cambios que llegaron a su vida. «Nana, ¿cuándo voy a regresar a la casa?» preguntaba, seguido del esfuerzo que Rena hacía para explicarle que él y su mamá no volverían a la casa que él siempre había llamado su hogar. Entonces él se echaba a llorar y decía: «¿Mamá ama a su trabajo más que a mí?» Rena trataba de consolarlo lo mejor que podía, sabiendo que su dolor era verdadero y que sus explicaciones nunca serían suficientes para contestar todas sus preguntas.

«A veces, resentía tener estas responsabilidades en esta época de mi vida», decía Rena. «El cuidado de un niño exige mucho, es agotador y requiere un gran compromiso, era difícil lidiar con mis propios sentimientos mientras que al mismo tiempo trataba de apoyar a Elaine y cuidar a Dylan. Mi esposo se convirtió en un padre sustituto para Dylan, y durante años lo entretenía con historias que le inventaba acerca de "Beto, el pajarito atrevido del patio"».

Cuando se acercaba la visita de su papá, que ordenó el juzgado, Dylan comenzaba a llorar varios días antes e inventaba razones para no ir. Luego, como tres años después del divorcio, su padre resultó muerto en un accidente de automóviles.

«Dylan pasó un año muy penoso procesando emociones que para un adulto son muy difíciles, cuánto más para un niño de siete años», explica Rena. «Una vez escribió una nota que decía: "Mi papá tuvo su merecido", y la colocó en la tablilla de su dormitorio. Después de varios meses escribió otra nota que decía: "Extraño a mi papá". Esta fue una época muy difícil para todos nosotros».

A fines de año, Elaine conoció a un hombre maravilloso y se casaron cuando Dylan tenía ocho años. Desde luego, todos nos tuvimos que adaptar a la nueva situación, pero el esposo de Elaine es un buen padre para Dylan, y los tres asisten fielmente a la iglesia.

«Este joven ha sido una respuesta de la gracia de Dios a nuestras oraciones durante años», dice Rena. «Los pasajes que oré y a los que me aferré durante esos cuatro años fueron Isaías 54:11-14 y Jeremías 31:15-19, y Dios mostró su fidelidad. Muchas veces la gente me dice que Dios nos puso en sus corazones y estaban orando por nosotros. Dylan, que ahora tiene trece años, hace poco me dijo: "Nana, si no es por ti y abuelo, sería difícil decir qué creería ahora". ¡Esto fue como oír una música celestial!»

Un día después que Elaine y Dylan se mudaron, Rena de repente sintió la presencia de Dios en su habitación. En su corazón sintió que el Señor le decía: *Gracias por cuidar a tu nieto por mí.* Entonces sintió la inspiración de escribir este poema:

Cercano estás Señor, solo a un paso de mí
Día a día, calladamente, a mi lado
    te siento caminar.
Alguna vez tu dulce voz escucho
    susurrando a mi oído
Gracias, Rena, fielmente me has servido
Sosteniendo a mi querido hijo que sufría.
Tú lo cargaste en sus terribles días,
y yo a ambos en mis brazos mantenía.
Pero eso ya pasó, aunque sus marcas indelebles
    por siempre quedarán.

Las marcas de un amor muy dulce y fuerte
que perdurarán.

Un adolescente atribulado

Cuando la familia sufre un divorcio, los niños a veces tienen problemas mayores que los normales al llegar a la adolescencia, como descubrió la abuela Diane. Dos de sus nietos se separaron cuando su hija se divorció, Patty se quedó a vivir con su mamá y Justin se fue con su papá. Diane ora regularmente por todos sus nietos, pero en especial oró por estos dos, durante y después de la separación. Aunque Justin asistía a la iglesia con su papá y madrastra, cuando llegó a la escuela superior dejó los estudios y se alejó del Señor.

Una noche Diane soñó que veía a Justin frente a un juez en un juzgado; y era obvio que tenía un serio problema con la ley. Luego de despertarse, oró respecto al sueño y sintió que Dios le aseguraba que Justin se metería en un problema, pero este serviría para hacer que volviera al Señor.

Pasaron más de dos años. Entonces un día la hija de Diane llamó para decir que habían arrestado a Justin por tener en su carro marihuana y un equipo para el consumo de la droga. Ahora que estaba en su primer año de la universidad, lo trataron como a un adulto ante un juez, sin jurado.

«La ironía de su arresto fue que la policía encontró en el carro algo que ni siquiera le pertenecía», nos cuenta Diane. «Pertenecía a su hermanastro. Pero como después del divorcio había tanta amargura en la familia, Justin se negó a denunciarlo».

Al principio parecía que a causa de su lealtad tendría que cumplir prisión por un tiempo. Pero su abogado apeló al juez pidiendo misericordia, le dijo que para pagarse los estudios Justin estaba trabajando con su papá, y llamó a algunas personas que sirvieran de testigo, a favor del muchacho. Aunque sus padres se repudiaban, la crisis hizo que pusieran a un lado sus diferencias. Juraron ante el juez que apoyarían a su hijo y cooperarían con la corte como fuera necesario. Al final, le dieron a Justin una sentencia a prueba, haciendo posible que siguiera los estudios sin interrupción.

«Cada vez que lo llamen él tendrá que presentarse para hacerle un examen que pruebe si usa droga, y no se le permite tomar ni ir a los bares», dijo Diane. «También tiene que reportarse ante un oficial de probatoria dentro de un horario estricto. El juez le dijo que si violaba las reglas de probatoria de cualquier manera, o fallaba en el examen de las drogas, iría directo a la cárcel. Es probable que esta fuera la mejor lección de disciplina que aprendió. Creo que verdaderamente el susto que le ocasionó esta experiencia hará que mi nieto vuelva al Señor, mientras seguimos orando por él».

Problemas emocionales

Connie nos cuenta cómo llegó a estar tan unida a su primera nieta, Stephanie, ya que la crió en cuanto sus padres se divorciaron. Pero a los trece años, cuando comenzó la adolescencia, luchó para ajustarse al nuevo padrastro y desarrolló problemas emocionales. Comenzó a visitar consejeros profesionales que le recetaron pastillas para la depresión, y se hizo adicta a los medicamentos. Entonces su mamá y padrastro la mudaron a miles de kilómetros de distancia a un centro de tratamiento para la adicción a las drogas.

«Estuve orando durante todo este tiempo para que Dios curara a Stephanie emocionalmente y también la mantuviera segura», dijo Connie. «Ella decidió ponerse en muchas situaciones peligrosas, pero gracias a la oración, Dios nunca la dejó de proteger».

Connie pidió que Stephanie siempre se comunicara con sus abuelos, y así fue. Durante esos cinco años ambulantes, no importaba dónde estuviera, Stephanie siempre llamaba a Connie y su esposo.

«A través de todo esto, pude confiar en Dios y rogar que obrara su voluntad en la vida de mi nieta», dice Connie. «La oración me mantuvo sana y cerca de él. Cuando tenía dieciocho años salió en estado y decidió quedarse con el bebé. Esta pequeña bendición la cambió, es un verdadero milagro de Dios que se obró de esta manera. Alabo y le doy gracias a Dios por las muchas respuestas a las oraciones por mi nieta mayor».

Lidia con la amargura

Cuando la abuela Blanche se enteró que su hijo y nuera se estaban divorciando, sintió como si un cuchillo le atravesara el corazón. Pero sabía que esta ruptura amarga afectaría a sus nietos aun más, y que ellos necesitarían sus oraciones ahora más que nunca.

Los tres nietos adultos se amargaron contra su mamá. Solo el más joven, que todavía vive con ella, permaneció leal. Una hija, en especial, odiaba a su mamá por las cosas dolorosas que le dijo de su esposo en un proceso jurídico.

Blanche ruega a Dios que guarde y proteja a todos sus nietos, que los ayude a superar su amargura, y que vuelvan a tener una estrecha relación con él. Diariamente ora por ellos usando pasajes e insertando sus nombres en lugares apropiados. Algunas veces parafrasea varios versículos en una oración, como esta de Proverbios 4:20-27:

«Señor, que mis nietos atiendan a tus consejos; que escuchen atentamente lo que dices. Que no pierdan de vista tus palabras. Ayúdalos a guardarlas muy dentro de sus corazones, porque ellas dan vida a quienes las hallan; son la salud del cuerpo. Te ruego especialmente que los ayudes a cuidar sus corazones, porque de él mana la vida. Aleja de su boca la perversidad; aparta de sus labios las palabras corruptas. Señor, nivela los caminos de ellos y ayúdalos a fijar sus ojos en ti. Te ruego que no se desvíen ni a diestra ni a siniestra y que los apartes de la maldad. Amén».

Hace una docena de años que Lynette no ve a cuatro de sus nietos porque cuando se volvió a casar, varios años después de la muerte de su esposo, sus dos hijas se enojaron con ella. Las nietas no tienen permiso para comunicarse con su abuela de ninguna manera, y le devuelven las cartas y paquetes. Después de mucho sufrir, parece que el Señor la ha consolado: *No puedes dejar de vivir, así que sigue con tu vida,* parece que él le susurra.

Ella ora: «Señor, permite que alguna vez mis nietos sientan el deseo de verme. Mientras tanto, haz que sepan cuánto los quiero. Mi deseo más ferviente es que te conozcan y que pasen la eternidad conmigo. Decido perdonar en mis hijas el que la amargura les haga alejar a mis nietas de mí. Permite que llegue el día cuando todos nos reconciliemos, por tu amor incondicional y el gran perdón que se extiende a todos nosotros. Amén».

Cuando llega la muerte

Aunque el divorcio puede ser traumático y trágico a los ojos de un niño, una muerte es doblemente dolorosa. Los hijos que han perdido a un ser querido, especialmente si se trata de uno de los padres o un hermano, necesitan nuestro cuidado, apoyo emocional, alguien que los escuche, nuestro ánimo. Pero más que nada, necesitan nuestras oraciones. Podemos convertirnos en una influencia estabilizadora para dejar una diferencia perdurable en sus vidas. La autora Irene Endicott escribe:

> Los niños, hasta los más jóvenes, entienden la muerte si el tema se trata de forma sincera y sensible. Contéstales sus preguntas de esa manera. Tus nietos sufrirán visiblemente durante un año, por lo menos, y luego internamente durante muchos años futuros. En esos momentos necesitan más abrazos de los abuelos y tu aliento para hablar acerca de su mamá [o papá o hermano] recordando los buenos tiempos. Sé optimista acerca de su futuro, y asegúrales que estarán bien demostrándoles tu amor y consideración.
>
> Pero sobre todo, escúchalos, no solo las palabras que dicen, sino también observa su lenguaje corporal y cómo dicen esas palabras. Tú, otro miembro de la familia o un consejero profesional deben tomar en serio sus temores y dolores y no racionalizarlos ni cubrirlos. Escuchar es tu regalo para ellos durante este horrible momento en sus vidas jóvenes.[3]

Ora por los nietos tristes

Bernice y su esposo, Henry, oran a diario por sus seis nietos, pero los de nueve y diez años, necesitan oraciones especiales. Hace cuatro años, el hijo de Bernice y Henry se mató en un accidente cuando aún tenía treinta y tantos años, dejando dos hijos huérfanos de padre.

«Le pedí al Señor que fuera un padre para ellos, y también le pedí que un día tuvieran un padre cristiano». dice

---

[3] Irene Endicott, Grandparenting: *It's not What It Used to Be* [Cuidados de la abuela: No es lo que solía ser], Broadman and Holman, Nashville, 1997, pp. 161-162.

Bernice. «Sin embargo, su mamá está saliendo con un hombre no creyente, que me estruja el corazón. Viene de visitas durante los fines de semana, y ella y los niños se quedan en la casa y no van a la iglesia. Mis nietos aceptaron al Señor y se bautizaron, pero ahora veo la lucha que tienen, ya que este hombre no quiere ir a la iglesia. A diario pido que Dios los proteja y que les dé su sabiduría».

Todos los días Bernice y su esposo se levantan a las cinco de la mañana, hacen una larga y rápida caminata, y vuelven a la casa para orar juntos en lo que llaman su «reunión matutina» con el Señor. Luego desayunan. A menudo, cuando uno de los seis nietos se queda a dormir con ellos, se les une para orar.

«En muchas ocasiones oramos con nuestros nietos», nos dice ella. «Y especialmente nos alegra que los hijos del hijo mío que murió, vivan tan cerca que nos puedan visitar, y que su mamá les permita venir».

Ayuda al niño a lidiar con la pérdida

Con frecuencia el niño culpa a Dios, a otra persona o hasta a sí mismo, por la muerte de un cercano miembro de la familia. Él necesita que constantemente se le asegure que la tragedia no fue su culpa. Si el ser querido era cristiano, es de ayuda hablar acerca de su nueva vida en el cielo. Orar con el niño a través de cada fase de este doloroso proceso es la mejor ayuda que un abuelo puede brindar. Abrazar al niño y dejarlo llorar ayudará a ofrecer consuelo y compañía. Otra consideración es motivar al niño para que hable con alguien que haya sufrido una pérdida similar, la cual haya superado sin amargura.

Hablar sobre recuerdos especiales ayuda a un niño triste que está conmocionado después de la muerte de un cercano miembro de la familia. Ver fotografías de un álbum lo puede ayudar a recordar al ser querido que ha perdido. A veces hacer un «libro de recuerdos» acerca de la persona es una salida a la pena.

El autor Jay Kesler nos recuerda que los abuelos tienen una oportunidad única de ayudar a la generación más joven a ver la mortalidad tal y cual es, al mismo tiempo que medimos las cosas con los valores eternos. Él escribe: «Podemos señalar a un Dios fiel y decir: "He vivido una larga vida, tengo muchas experiencias, y te puedo decir, tú puedes confiar en Dios. Puedes creer en él y él te cuidará". ... Como abuelas, con cariño podemos guiar a nuestros nietos a una comprensión de la muerte no como un final, sino como un principio, una puerta a la eternidad».[4]

Por devastador que sea el divorcio y la muerte para cualquier familia, tenemos un Salvador que alivia el dolor y consuela el corazón herido. Como parte del proceso de recuperación, nosotras las abuelas podemos proporcionar oídos para quienes sufren, y ofrecer nuestras oraciones al que tiene el poder de sanarnos.

Oración

Señor ayuda a mi nieto [nombre] a lidiar con su pérdida. Sé su consuelo, su fortaleza y su paz. Haz que no se sienta abandonado, ni que se culpe por la tragedia. Acércate a [nombre] mientras pasa por este proceso tan doloroso, haz que pase a través de este tiempo difícil confiando en ti más que nunca. Ayúdame a encontrar maneras de ofrecerle un amor y consuelo incondicional durante este doloroso período. Te ruego que le des a [nombre] tu gozo. Amén.

[4] Jay Kesler, *Grandparenting: The Agony and the Ecstasy* [El cuidado de la abuela: La agonía y el éxtasis], Servant, Ann Arbor, MI, 1993, pp. 182-183.

Pasajes bíblicos de ayuda

Me ha enviado a sanar los corazones heridos...
a consolar a todos los que están de duelo,
y a confrontar a los dolientes de Sión.
Me ha enviado a darles una corona
en vez de cenizas,
aceite de alegría
en vez de luto,
traje de fiesta
en vez de espíritu de desaliento.

Isaías 61:1-3

Dichosos los que lloran,
porque serán consolados.

Mateo 5:4

El Señor mismo descenderá del cielo con voz de mando, con voz de arcángel y con trompeta de Dios, y los muertos en Cristo resucitarán primero. Luego los que estemos vivos, los que hayamos quedado, seremos arrebatados junto con ellos en las nubes para encontrarnos con el Señor en el aire. Y así estaremos con el Señor para siempre. Por lo tanto, anímense unos a otros con estas palabras.

1 Tesalonicenses 4:16-18

Oración de las Escrituras

Ten compasión de mi nieto [nombre], oh Dios; haz que [nombre] se refugie a la sombra de tus alas hasta que haya pasado el peligro. Padre, te pido que llenes de alegría a [nombre] en tu presencia [Salmo 57:1-2; 16:11].

Oraciones relacionadas al tema

2 Samuel 12:18-23; Juan 14:1-4; 1 Corintios 15:50-57; Apocalipsis 21:1-4.

El dolor toma tiempo

Es importante recordar que el dolor toma tiempo. Los que han pasado por este proceso ofrecen las siguientes sugerencias:

- aceptar la realidad de la muerte (u otra pérdida)
- experimentar el dolor de la pérdida
- comenzar a adaptarse a la vida sin ese ser querido
- hablar de esa persona cada vez que así se desee (llorar y reír si quieres hacerlo)
- hacer algo para recordar al difunto (una contribución a la iglesia u organización benéfica en memoria de esa persona, establecer una beca en su honor, sembrar un árbol, o comenzar una tradición como celebrar todos los años el cumpleaños de esa persona).

8

Ora por los nietos adoptados o hijos del cónyuge de tu hijo o hija

Y ustedes no recibieron un espíritu que de nuevo los esclavice al miedo, sino el Espíritu que los adopta como hijos y les permite clamar: «¡Abba! ¡Padre!» El Espíritu mismo le asegura a nuestro espíritu que somos hijos de Dios. Y si somos hijos, somos herederos; herederos de Dios.

Romanos 8:15-17

¿Cómo volver a reunir las familias que están separadas? ¿Cómo es posible que un grupo de individuos de diversos orígenes, experiencias y edades lleguen a convertirse en una familia? No tenía las respuestas, pero conocía a alguien que sí las tenía. Qué consuelo es saber que él [Jesús] experimentó lo que enfrentan las familias y, además, simpatiza y espera dispuesto a brindarnos la sabiduría y ayuda que necesitamos.

Catherine Marshall *The Best of Catherine Marshall* [Lo mejor de Catherine Marshall]

Tal vez estemos, o no, muy unidos a los hijos de nuestros hijastros o a los hijastros de nuestros hijos, pero debemos estar motivados a orar por ellos porque sabemos que por alguna razón son parte de nuestra vida. Lo mismo pasa con los nietos adoptados. Podemos pedirle a

153

Dios que nos dé su corazón y amor por ellos como si de veras fueran nuestros nietos biológicos.

Los hijastros y los hijos adoptivos a menudo se esfuerzan para sentir que los padres, hermanos y miembros de la familia en general, los aceptan. La cariñosa preocupación y oraciones fieles de las abuelas pueden ser una influencia fuerte y positiva en sus vidas.

«La abrazamos como a los nuestros»

Ruby nos dijo que cuando ella conoció a su futura «nuera», Sherry, y su pequeña hija de un año, Chris, sintió amor a primera vista. Joe, el hijo de Ruby, se casó con Sherry cuando la bebé había acabado de cumplir dos años, y en ese tiempo ellos se la dedicaron al Señor.

«Chris fue nuestra primera nieta, y la veíamos como un regalo llegado a la familia», dice Ruby. «Más tarde Joe la adoptó y la quisimos como si fuera de nosotros. Desde el momento que la vimos por primera vez, mi esposo y yo oramos todos los días pidiendo que Chris creciera amando al Señor con todo su corazón, con todo su ser, con todas sus fuerzas y con toda su mente» (Lucas 10:27).

Noemí es tal vez la abuela más famosa en el Antiguo Testamento. Es posible que cuando sus dos hijos murieron, ella perdiera toda esperanza de tener nietos. Pero cuando su nuera Ruth se casó con Boaz y dio a luz a Obed, su gozo fue completo, aunque el bebé no era su nieto biológico. Las Escrituras nos dicen: «Las mujeres le decían a Noemí: "¡Alabado sea el Señor, que no te ha dejado hoy sin un redentor! ¡Que llegue a tener renombre en Israel! Este niño renovará tu vida y te sustentará en la vejez, porque lo ha dado a luz tu nuera, que te ama y es para ti mejor que siete hijos". Noemí tomó al niño, lo puso en su regazo y se encargó de criarlo» (Rut 4:14-16).

Y en verdad, el nieto adoptivo de Noemí llegó a ser famoso. Fue el padre de Isaí, cuyo hijo David, llegó a ser el rey más grande en Israel. Y mediante el linaje de David llegó Jesús, el Mesías.

Restauración de las relaciones

Una familia combinada es increíblemente compleja debido a las relaciones emocionales bajo tensiones. Los niños que han perdido a uno de los padres, ya sea por muerte, divorcio o abandono, tienen heridas emocionales que pueden causar repercusiones durante los años por venir. El perdón y la tierna aceptación son esenciales para mantener intacta a una familia combinada, como descubrió nuestra amiga Anna.

Cuando Anna se casó ya tenía más de treinta años y heredó dos hijastros, un niño de nueve años de edad y una niña de once, aunque ambos estaban resentidos con ella. Pero gradualmente comenzaron a llamarla mamá a medida que crecían. Después, se casaron y tuvieron sus respectivas familias.

Hace tres años, antes de las navidades, Anna y su esposo sufrieron un serio accidente automovilístico. Él se mató en el accidente y ella fue al hospital. Durante el año siguiente, Anna se esforzó para recuperarse de los daños que sufrió mientras que al mismo tiempo luchaba con el dolor luego de perder a su esposo. Pero tenía otro problema. Su hijastro, Duncan, parecía consumido por las rencillas y rechazos de su niñez.

Las relaciones entre ellos se hicieron más difíciles cuando él trató de quitarle la casa a Anna, aunque ella insistió en que no se mudaría. Las navidades siguientes, ella escribió una carta a los dos hijos expresándoles su dolor y confusión debido a la severa actitud de Duncan, quien también influyó en su hermana. Firmó la carta:

«Tu madrastra». Esto fue como un despertador para Duncan. Él la llamó para disculparse, y hablaron durante un largo rato para dejar salir sus camadas de ira y amargura que Anna no sabía que él todavía sentía.

«Tú eres mi mamá... y siempre lo serás», dijo él por último. «No vuelvas a llamarte mi madrastra».

Luego de hablar con sus hijos, Duncan reconoció que ellos, también, habían estado afectados como consecuencia de su amargura. Necesitaba que su relación con Anna fuera más estrecha, y dieron los pasos necesarios para mantener una comunicación regular. Ahora los tres nietos adoptivos de Anna, que van desde diecisiete hasta veintiún años, se comunican con frecuencia por cartas y correo electrónico.

Cada uno de los hijos de Duncan se ha entregado al Señor, y el mayor acaba de casarse agregando un nieto político a la lista de oración de Anna. Todos ellos están agradecidos porque a través de los años, Anna oró, y lo sigue haciendo, fielmente por ellos. Ella ora el Salmo 91 para que reciban protección y pide que ellos se fortalezcan y estén firmes en el Señor, no importa cuáles sean las circunstancias que encaren.

«Me alegro que Dios haya restaurado a nuestra familia», dice ella. «Si no fuera así, no tendría una familia ni el gozo de estar conectada a estos nietos».

Adopciones de culturas cruzadas

Jan y su esposo, Chuck, se consternaron cuando su hija, Roberta, soltera y en sus treinta, les pidió que oraran con ella acerca de adoptar un bebé. La pareja oró, pero estaban preocupados acerca de la condición espiritual de Roberta. Ellos creían que Roberta no debía adoptar hasta que el Señor ocupara el primer lugar en su vida para que así educara a la criatura de acuerdo a sus principios, lo mismo que ellos le habían enseñado.

Entonces, un día, Roberta se vio en el salón de emergencia de un hospital encarando una crisis médica. En su corazón, llamaba al Señor y regresaba a la fe de su juventud. No solo cambiaron sus prioridades, sino que, además, sintió que Dios la estaba curando de su problema respiratorio. Poco después comenzó a dar pasos en serio para la adopción, especialmente quería una niña. Así fue como Jan y Chuck oraron:

- Que Roberta supiera con seguridad si adoptar un bebé era lo que el Señor quería que ella hiciera como una mujer profesional soltera.
- Que el Señor abriera y cerrara puertas que le sirvieran de guía.
- Que cuando le ofrecieran la adopción, si así sucedía, ella sintiera paz respecto a lo que estaba haciendo.

Cuando hizo la solicitud a una agencia cristiana de adopción, la trabajadora social le dijo que tenían niños mestizos o negros. En seis meses, incluso antes de inspeccionar la casa y terminar con toda la documentación, Roberta recibió la noticia que había nacido una niña negra. La criatura era prematura de unas cuantas semanas, solo pesaba dos kilogramos y medio, pero parecía ser saludable. La madre había terminado todos los derechos paternos. Los médicos mantenían a la niña en el hospital durante una semana para estar seguros de que no tuviera problemas serios. Luego Roberta recibió a su hija y la llamó Nancy.

«Sabemos que esta bebé fue una respuesta a las oraciones por nuestra hija», dice Jan. «Más adelante, la trabajadora social nos dijo que cuando supo que la niña estaba disponible, ella sintió que el Señor le dijo: *Esta es la niña de Roberta*. Ella había orado pidiendo encontrar el hogar acertado para esta criatura; y ahora tenía la paz de saber que Roberta fue la escogida de Dios».

Jan y Chuck comenzaron a orar pidiendo que toda la familia aceptara a su nueva nieta y que no la hirieran por prejuicios raciales. Hasta comenzaron a orar para que algún día Nancy fuera un instrumento para reconciliar las etnias.

«Oro pidiendo que la amemos tanto como amamos a nuestras dos nietas naturales», dice Jan. «La primera vez que la vi, supe que no sería un problema. Ella me miró con esos ojos castaños y grandes como si me dijera: "¡Gracias por quererme!" Verdaderamente es una bebé bendita, contenta, pacífica y que irradia el amor de Dios».

Jan ora por Nancy las mismas oraciones que hace por sus otras nietas, que crezca conociendo quién es en Cristo y nunca ceda ante la presión de los incrédulos o normas mundanas. También emplea oraciones bíblicas, como esta: «Haz que Nancy viva una vida llena de amor, alegría, paz y todos los frutos del Espíritu. Que incline el corazón hacia Dios, para que siga todos sus caminos» (Gálatas 5:22; 1 Reyes 8:58).

Esta abuela ha escrito alrededor de veinte páginas de versículos que ora con regularidad por los miembros de la familia, especialmente sus tres nietas. «Llevo conmigo, dondequiera que vaya, estas páginas laminadas, hasta al gimnasio, para orar durante mi tiempo extra», nos dijo Jan. «A veces Dios me da ideas de cómo orar que no había considerado antes, así que siempre estoy añadiendo versículos. Por ejemplo, cuando una de las niñas va al dentista: "Señor, que tus manos estén con ella y líbrala del mal para que no le duela"» (1 Crónicas 4:10, RV).

Oración por un nieto que nunca han visto

En circunstancias normales, la mayoría de los padres se emocionan cuando saben que un nieto está por llegar. Pero en algunos casos, la sorpresa y consternación ocupan el lugar del regocijo. Donna y Larry se vieron en esta situación cuando un adolescente mayor, que asistía a la iglesia que ellos pastoreaban, abusó de su hija Jo.

Siguieron horas de agonía y oración. Por último, los tres decidieron que lo mejor para Jo sería ir a un hogar de madres solteras y dar la criatura en adopción. Este trauma sucedió a mediados de los años cincuenta, cuando era socialmente inaceptable que una joven adolescente tuviera una criatura fuera del matrimonio, y mucho menos siendo la hija del pastor. Al no querer someter a Jo a la vergüenza pública, decidieron no acusar al joven.

Al quinto mes del embarazo de Jo, Donna llevó a su hija desde la casa, en el centro de Texas, hasta un lugar en Oklahoma. Pero el lugar era frío e imponente, nada parecido a un hogar, donde una adolescente aterrorizada pudiera encontrar asilo seguro. Cuando Jo, al borde de la histeria, comenzó a gritar: «¡Te ruego que no me dejes aquí, mamá!», Donna se dio cuenta que tenían que confiar en Dios y buscar otra solución.

Las dos regresaron al automóvil y se dirigieron a la casa, mientras Donna oraba: «Por favor, Señor, guíame a un lugar seguro donde dejar a mi hija para que tenga su bebé».

Casi llegando a Fort Worth, una ciudad desconocida para ellas, Donna comenzó a conducir por las calles como si supiera exactamente a dónde iba. Dobló por una calle y vio una residencia con un letrero que la identificaba como un hogar para madres solteras. Donna detuvo el carro y subieron los escalones para ver cómo era el lugar que se convertiría en el refugio que buscaban.

«No era mi casa, pero tenía paz sabiendo que Dios nos había guiado hasta allí», nos dijo Jo, al recordar su experiencia. «Ese día mostraron mucha amabilidad a la asustadiza de quince años de edad y su mamá. Qué agradecida estoy con Dios por mis padres que no solo me amaban sino que también me protegieron y apoyaron. Ellos renunciaron como pastores de la iglesia y se mudaron a Fort Worth para estar cerca de mí durante este proceso. Papá era un meteorólogo del Buró del Tiempo de los Estados Unidos, así que consiguió una transferencia en el trabajo para Fort Worth, enseñando a nuevos reclutas. Pero continuó su ministerio como voluntario en pequeñas iglesias en un área de diez estados».

Antes de dar a luz, Jo firmó los papeles dando su bebé en adopción. Decidió, siguiendo el consejo de los directores del hogar, no ver el bebé después que este naciera, ni tampoco preguntar el sexo ni ningún otro detalle. En ese tiempo, la mayoría de las agencias de adopción consideraban que mientras menos la adolescente supiera acerca de su hijo, más fácil le sería olvidarlo todo y seguir su vida. Aunque Jo estuvo de acuerdo con este arreglo, jamás olvidó la experiencia, ni tampoco sus padres.

«Siempre sentí que había tenido un niñito, pero a veces me preguntaba si estaba vivo o muerto», dice Jo. «Mamá nunca habló mucho al respecto, pero papá creía que la criatura era un varón, y que estaba vivo. Él y mamá oraban diariamente pidiendo que algún día su nieto conociera a Jesús como su Señor y Salvador».

Desde luego, los rumores acerca de Jo la siguieron hasta Fort Worth. Dos años y medio después, cuando un joven llamado Darrell le preguntó a Jo sobre el chisme que había oído, ella le contó toda la historia. Pero eso no apagó su amor por ella. Pronto la pareja se casó y se mudaron para que Darrell terminara la universidad. El nacimiento del primer hijo de Jo sigue siendo un secreto que solo conocen su esposo, sus padres y hermana mayor.

Donna y Larry se regocijaron con el nacimiento de otros nietos y cada día oraron fielmente por cada uno de ellos. Pero siempre incluían al primer hijo de Jo en sus oraciones. Un día, que era el cumpleaños de este hijo, Larry habló de corazón con la hermana de Jo. «Recuerda que en alguna parte del mundo tienes un sobrino de veintiún años», le dijo a ella. «Creo que un día él va a tratar de encontrar a su familia. Cuando esto suceda, espero que tú apoyes a tu hermana».

Se comprueba la fidelidad de Dios

Pasaron los años, y los tres hijos menores de Jo crecieron y llegaron a ser adultos. Cuando murió Larry a la edad de ochenta y siete años, la familia descubrió que Donna tenía la enfermedad de Alzheimer y la llevaron a vivir a un hogar de ancianos. En esta vida, a veces los abuelos no disfrutan el fruto de sus años de oración por los nietos que nunca han visto.

Pero un día, Jo tenía una cita para ir a almorzar con Laurie, una de sus hijas, y de repente sintió la necesidad de revelarle el secreto que durante tanto tiempo había escondido. Durante años, madre e hija habían tenido una relación problemática. Pero ese día a medida que Jo le abrió su corazón a Laurie y le confió el dolor de su pasado, madre e hija rápidamente desarrollaron un profundo amor y comprensión.

Esa noche, ya tarde, Laurie fue a la computadora y en la Internet comenzó a buscar alguna pista acerca del medio hermano que acababa de saber que tenía. A las dos de la mañana, luego de ir a cientos de listados, encontró un anuncio que parecía coincidir con todos los datos que Jo le había dado, incluso la fecha de nacimiento, la edad de su mamá cuando dio a luz y el hecho de que tenía raíces indígines cherokee. El anuncio también decía que la joven madre era una pianista muy dotada y que su papá era un pastor. «He disfrutado una vida muy buena, estoy casado con cinco hijos» concluía el mensaje. Firmaba con el nombre Michael y decía que ahora vivía en Fort Worth. ¡Solo hacía nueve días que había puesto el anuncio en la Internet!

Laurie llamó a su mamá para darle la asombrosa noticia y Jo le dio permiso para poner un mensaje anónimo. Pronto la correspondencia electrónica estaba llevando y trayendo mensajes entre Laurie y Michael, y Jo le contó a sus hijos lo que estaba sucediendo. Entonces Darrel, el esposo de Jo, mandó este mensaje: «Michael, estamos conscientes de las muchas veces que Dios ha guiado nuestras vidas, y no estamos completamente asombrados por los milagros. ¡Y considero que el horario de esta serie de sucesos ha sido precisamente un milagro!»

De inmediato llegó una respuesta: «Tú me haces sentir a gusto... yo soy el único cristiano en la familia que me adoptó. ¡Qué gozo es saber que Dios tomó los limones y los convirtió en limonada! Ahora oro para que el amor y el consuelo de Dios sean con Jo y ella termine por poner a un lado el pasado y se regocije sabiendo que Dios siempre está en control. Piensa en José en Egipto. Me gusta este versículo: "Ustedes pensaron hacerme mal, pero Dios transformó ese mal en bien"» (Génesis 50:20).

Después de recibir alguna sanidad emocional, Jo comenzó a comunicarse directamente con Michael. Por último, llegó el día en que toda la familia se reunió y ella vio por primera vez a su hijo de cuarenta y dos años. Por fin oyeron la historia de cómo Dios obró de maneras asombrosas para contestar las fieles oraciones de dos abuelos perseverantes.

Michael y su familia adoptiva vivían en el Oriente

Medio, donde su papá trabajaba como ingeniero de petróleo, pero mientras estaban en el extranjero, murió la hermana menor de Michael. Cuando él tenía diecisiete años, su familia volvió a los Estados Unidos para descansar. Azotado por la tristeza y buscando respuestas, un día el joven fue a una librería cristiana en Seattle con la esperanza de encontrar un libro que pudiera contestarle sus preguntas acerca de la vida. Eran raras las veces que su familia iba a la iglesia, y él no sabía nada acerca de la Biblia. Pero las muchas oraciones de los abuelos a quienes nunca había visto estaban a punto de contestarse.

Andaba caminando por los pasillos de la tienda cuando vio un libro azul, encuadernado con tela de jeans llamado *Good News for Modern Man* [Buenas nuevas para el hombre moderno]. Cuando fue a la cajera, descubrió que no tenía suficiente dinero, pero una bondadosa señora que estaba cerca viendo su dilema le dio la cantidad necesaria. Por primera vez Michael comenzó a leer el Nuevo Testamento en una traducción moderna.

Leyó en Juan 1:1 que la Palabra era Dios. Un amigo le explicó que «la Palabra» era Jesús. «¡Yo no sabía que Jesús era Dios!» exclamó él. Leyó versículos que declaraban que Jesús no tenía pecado. «Yo tampoco sabía eso, quería ser como Jesús», declaró. Cuando su amigo le dijo que él debía invitar a Jesús en su corazón, replicó: «¡Lo haré!» Esa noche Michael se arrodilló delante de su cama e invitó a Jesús a venir a su vida. Al próximo día estaba lleno de gozo, y desde ese día, su vida cambió.

Hoy Jo disfruta de una maravillosa relación con su primer hijo y su nuera, tanto como con los cinco nietos que nunca supo que tenía. «A través de todos estos sucesos, aprendí la importancia de perdonar y creer que Dios puede obrar hasta en las malas cosas que nos pasan» dice ella. «Dios nos ama como nadie jamás lo hiciera, y si verdaderamente confiamos en él, entonces debemos creer que todo está bajo su control. Hoy nos regocijamos con las respuestas de Dios a los años de oración fiel de mis padres».

El primer nieto que se dio en adopción

En circunstancias muy infelices, oyó Nora estas palabras que por lo general son emocionantes: «Vas a ser abuela». Su hija de dieciséis años, Colleen, estaba embarazada de un joven de veinte años que ya había sido padre. Nora y su esposo, Bert, le habían rogado a Colleen que no saliera con este joven porque sabían que no era bueno para ella.

Como muchas parejas con una adolescente embarazada, sin casar, Nora y Bert enfrentaron decisiones difíciles. ¿Debían criar al bebé en su hogar? ¿Debían casarse los padres? ¿Era una elección viable dar la criatura en adopción? Colleen nunca consideró el aborto porque creía que eso significaba matar a la criatura.

A medida que pasaban los meses, Nora batalló con las emociones. Resentía el hecho de que Colleen siguiera saliendo con el padre de la criatura. Imaginó que su futuro se limitaría a permanecer en la casa para ayudar a criar este nieto mientras que la hija terminaba la escuela, conseguía un trabajo y se casaba. Eso llevaría de cinco a diez años, calculó ella. ¿Estaba lista para eso? Sus otras dos hijas pronto terminarían la escuela y se irían, pero Nora estaría amarrada a la casa como una madre sustituta.

Oró desesperadamente, pidiéndole a Dios que le suavizara el corazón y le diera una respuesta a este dilema. Mientras tanto, Colleen se acercaba al Señor. A veces escribía versículos bíblicos que le hablaban a su corazón y los metía debajo de la almohada de su mamá. Casi a la mitad de su embarazo, cuando Colleen decidió

con el padre de la criatura, Nora la llevó a una
adopción para buscar consejos.

...ió pidiéndole a Dios que cambiara su cora-
...y que mostrara a cada uno de ellos qué ha-
...que oraba y se disponía a seguir el propósi-
...actitud se suavizó y la paz se apoderó de
...día decir con seguridad: «Señor, estoy dis-
...ar a Colleen a criar esta criatura durante
...como él o ella me necesite. Haré todo lo
...esario para derramar mi amor en mi nieto.
...razón y hogar a mi hija y su criatura».

...ces se presentaron una serie de circunstancias
...a creyó que Dios había ordenado. Una tía y un tío
...e Bert, que vivían cerca, visitaron unos familiares en
otro estado y supieron de una pareja, parientes lejanos,
que llevaban diez años de casados y andaban desespera-
dos por adoptar una criatura. Vinieron a la casa y le contaron a Nora y Bert acerca de este prospecto.

Para entonces, Colleen supo que lo que ella quería era
la adopción. Cuando supo que un familiar distante quería la criatura, consideró que era la familia cristiana ideal
para criar a su hijo. Ella y el papá del bebé firmaron los papeles para la adopción, y ese verano nació un niñito de
tres kilogramos. Nora y Bert serían los encargados de llevar al recién nacido a su mamá adoptiva, que había vola-
do para recogerlo. Mientras conducían el auto para atravesar la ciudad, Nora apretó a su nieto contra su
corazón, llorando la mayor parte del tiempo. Bert lloraba
tanto que apenas podía manejar.

«Siento el profundo dolor que mi hija debe estar experimentando al dar a su hijo», dijo Nora. «Una vez que lo
tuve en mis brazos, sentí que él nos pertenecía para siempre. Me destrozaba el corazón dar a mi primer nieto,
pero sabía que lo estábamos llevando a una nueva
mamá que anhelaba de todo corazón tener a este bebé».

La nueva compañera de oración de la

Los padres adoptivos le pusieron por nombre
daron intercambiar cartas y llamadas tele
Nora y Bert. Durante los dos primeros años
tieron incluidos en todo: Su primera sonri
día que comenzó a gatear, su primer dient
en especial, las fotografías de Kyle.

Colleen, herida aún por el dolor de regal
cipaba en las llamadas telefónicas. Pero con
bar cintas y escribir cartas para que se las dier
cuando este fuera mayor y Kyle supiera cuánto
su madre biológica.

Mientras tanto, Nora y Betty, la madre adoptiva de
Kyle, formaban fuertes lazos que las iban uniendo cuando oraban por teléfono por el bebé. Cuando Kyle tenía
casi tres años, Nora le dijo a Betty que estaba planeando
asistir a una conferencia en su estado. De inmediato
Betty invitó a Nora a venir temprano y pasarse tres días
de visita en su hogar para ver a su nieto. La primera noche que llegaron allí, Kyle gateó en la cama con ella para
hablar. Nora sintió que había tocado algo de la gloria al
compartir los abrazos de su único nieto.

A través de los años, Nora y Betty continuaron orando
por teléfono por Kyle, y luego por la hermanita adoptiva.
A la edad de nueve años, cuando él asistió a una reunión
de la familia, conoció a su abuelo, tías, tíos y primos. Y
también conoció a Colleen, su madre legítima. Una tarde
ellos dos pasaron varias horas juntos, hablando y
conociéndose.

A medida que Kyle iba creciendo, comenzó a disgustarle
la escuela cada vez más y a los quince años mostraba señales de una gran rebelión. Muchas veces Nora y Betty
oraron por él intensamente por teléfono. Cuando cumplió los dieciséis años, lo sorprendieron viendo pornogra-

fía en Internet. Su abuela intensificó las oraciones por él, para que se arrepintiera y cambiara su corazón. Sus padres establecieron las leyes: No habrá licencia de conducir ni automóvil hasta que no mejoren las notas escolares, consiguiera un trabajo y cambiara su conducta.

De nuevo Dios contestó las oraciones de una abuela que ora. La nueva novia de Kyle lo motivó para que volviera a la iglesia y estudiara más. Hoy, a los diecisiete años, Kyle tiene un trabajo de medio tiempo, sus calificaciones subieron, tiene un carro y está activo en la iglesia.

Colleen se casó con un cristiano maravilloso y dio a luz otro niño, cinco años después de Kyle. Ahora la abuela Nora tiene ocho nietos, y todos ellos tienen una relación con el Señor. Ora por ellos diariamente y mantiene un diario de sus oraciones y cómo Dios las contesta.

Una cita divina

La intervención de Dios en nuestras vidas a menudo llega como una sorpresa. Como escribió el Rey Salomón: «Todo tiene su momento oportuno; hay un tiempo para todo lo que se hace bajo el cielo» (Eclesiastés 3:1). La historia de Sue es una de estas sorpresas que Dios programó.

Todo comenzó en un culto en memoria de una abuela que murió de un tumor cerebral. Como a ella le gustaba tanto el jazz y era una persona tan amante de la diversión, la familia de la abuela celebró un concierto de jazz al aire libre para festejar su vida.

Sue y su esposo, Bobby, no conocían a la familia, pero fueron al concierto invitados por un amigo cuyo hijo tocaba en la banda. De alguna forma los ojos de Sue se fijaron en un niñito de aproximadamente un año de edad que estaba subiendo las escaleras, tratando de llegar a la plataforma. Luego ella supo que era el biznieto de la fallecida.

Sue observó que la madre del bebé fue hasta las escaleras donde él estaba, lo cargó y lo abrazó fuertemente mientras él se reía a carcajadas y la madre le devolvía la risa.

«La relación madre e hijo era tan dulce y hermosa, casi sagrada, que me emocionó», dijo Sue. «Parecía que él confiaba en su mamá por completo. Ella lo mantenía a salvo pero lo dejaba disfrutar la vida a plenitud. Me volví a mi esposo para decirle: "Ese es el niño más hermoso que he visto", y él estuvo de acuerdo».

Allí mismo, Sue oró en silencio: «Señor, quiero eso para mi hijo, Matt. Quiero que tenga una esposa como esa y un bebé como ese». Matt tenía veinticuatro años, y había estado en viajes misioneros al extranjero, y era un músico prometedor.

Seis semanas más tarde, Matt le dijo a Sue: «Mamá, anoche conocí a una muchacha, y creo que esta es la que busco».

«Dime, ¿cómo es, por qué es tan especial?» preguntó Sue.

Mientras hablaban, él dijo: «Mamá, esta parte de veras te va a gustar. Ella tiene un bebé». Él trajo a la muchacha la noche siguiente para presentársela a sus padres. ¡Era la misma muchacha que Sue había visto en el concierto!

«No me sorprendí, pero sí estaba muy contenta», dijo Sue. «Pero me mantuve tranquila. Sabía que era mejor permanecer fuera de la relación y no tratar de interferir. Comenzaron a salir, se comprometieron y un año y medio más tarde se casaron, cuando Conner tenía tres años».

Con el transcurso del tiempo, Sue y su esposo querían más y más a este niñito. «Él trajo más alegría a nuestras vidas de lo que pudimos imaginarnos», dijo ella. «Aunque tenemos otros dos niños, Conner es nuestro único nieto. Oramos por él, lo amamos y apenas podemos esperar las seis semanas entre visitas cuando conducimos durante seis horas para verlo».

Bobby, el abuelo, ha batallado con el cáncer, le amputaron un brazo y recientemente tuvo que llevar a su mamá a un hogar de ancianos. Con todas las angustias que su familia ha pasado, Sue y Bobby ven a Conner como un don especial de Dios que les trae gozo. Su risa, su sensibilidad para la gente con necesidades especiales, y su ingenioso entusiasmo le han dado a estos abuelos un nuevo motivo para vivir.

Matt produjo varios álbumes de música, y Conner aprendió las palabras de cada canción. Su canción favorita es la que Matt le escribió a Sue, la cual dice: «Un día tú serás la abuela de mi hijo». Cada vez que Conner la oye, grita: «¡Ese soy yo, esa es mi canción!»

Nuestra amiga Laura tiene cinco nietos adoptivos que no viven cerca, así que solo los ve ocasionalmente. Pero su oración por ellos es: «Señor, si tienes algo que decirles a esos nietos por medio de mí, por favor enséñame qué es. Luego dame el momento oportuno para hablarles. De lo contrario, te los encomiendo en tus manos, pidiéndote que los ministres de la mejor forma posible».

Si nuestros nietos tienen relaciones sanguíneas con nosotros, o no, nosotras las abuelas tenemos el gozo de orar por ellos, como hemos visto en las historias de este capítulo. Al hacerlo, compartimos el milagro de las familias nacidas no de carne y sangre, sino del compromiso y el sacrificio.

Oración

Gracias, Señor, por los nietos de mi vida, incluso los que no son biológicos. Te pido que crezcan y maduren para que lleguen a ser lo que tú quisiste que fueran. Te pido que satisfagas sus necesidades en todas las áreas de su vida: Espiritual, emocional, física y financiera. Ayúdame a ser un buen ejemplo para ellos. Te bendigo, Señor. Amén.

Pasajes bíblicos de ayuda

El gran amor del Señor nunca se acaba,
    y su compasión jamás se agota.
Cada mañana se renuevan sus bondades;
    ¡muy grande es su fidelidad!

Lamentaciones 3:22-23

Señor, ponme en la boca un centinela;
    un guardia a la puerta de mis labios.

Salmo 141:3

Si es posible, y en cuanto dependa de ustedes, vivan en paz con todos.

Romanos 12:18

El amor es paciente, es bondadoso. El amor no es envidioso ni jactancioso ni orgulloso. No se comporta con rudeza, no es egoísta, no se enoja fácilmente, no guarda rencor. El amor no se deleita en la maldad sino que se regocija con la verdad. Todo lo disculpa, todo lo cree, todo lo espera, todo lo soporta.

El amor jamás se extingue, mientras que el don de profecía cesará, el de lenguas será silenciado y el de conocimiento desaparecerá.

1 Corintios 13:4-8

Oración de las Escrituras

Señor, oro por los padres que están criando a estos nietos especiales [nombres], que les des sabiduría, la sabiduría que desciende del cielo que es pura, pacífica, bondadosa, dócil, llena de compasión y de buenos frutos, imparcial y sincera. Ayúdame y también ayuda a los padres a sembrar la paz para cosechar justicia en la generación más joven.

En fin, el fruto de la justicia se siembra en paz para los que hacen la paz [Santiago 3:17-18].

Citas bíblicas relacionadas al tema

Mateo 18:1-10; 25:40; Juan 10:10-11; 1 Timoteo 1:1-2, 18; 2 Timoteo 1:2; 2:1; Tito 1:4; Filemón 10.

En relación a los nietos adoptados

A continuación encontrarás algunas guías para relacionarte con los nietos adoptados:

- En tu actitud, conducta y regalos, haz que cada niño sienta que él o ella es tan importante para ti como un nieto biológico. Una abuela sabia nunca muestra parcialidad hacia ninguno de sus nietos.

- Hazles saber que estás orando por ellos e invítalos a decirte cuáles son sus necesidades de oración, asegurándoles que todo lo que te digan lo mantendrás confidencialmente.

- Busca oportunidades de alabarlos por sus logros y rasgos positivos. Los niños adoptados o hijastros a menudo tienen un fuerte sentido de rechazo, y ellos, en especial, necesitan tu aceptación amorosa y apoyo de su autoestima.

- Cuando tienes que lidiar con su mala conducta, modera tus comentarios para corregirlos señalándoles las cosas de ellos que tú aprecias.

- Pídele a Dios que te permita caer en gracia a tus nietos y que te dé sabiduría para ser una influencia positiva en sus vidas.

9

Ora por los nietos pródigos

Alguno de ustedes se extravía de la verdad, y otro lo hace volver a ella, recuerden que quien hace volver a un pecador de su extravío, lo salvará de la muerte y cubrirá muchísimos pecados.

Santiago 5:19-20

Aunque nuestros hijos hagan malas decisiones, no todo está perdido. Será doloroso verlos ingerir comida para cerdos, pero existe la esperanza de que cuando eso suceda, ellos aprenderán de la experiencia lo que nunca aprenderían del precepto.

John White *Parents in Pain* [Padres dolidos]

¿Tienes el corazón hecho pedazos porque uno o más de tus nietos es un pródigo, porque él o ella escogió dejar la casa del Padre por el «país lejano»?

Al hablar con abuelas alrededor del país, descubrimos que muchas parecen estar poco dispuestas a decir que tienen hijos apartados. En algunos casos, se sienten tan distantes de la vida diaria de sus nietos que no están verdaderamente seguras acerca de su condición espiritual. Tal vez los padres de los niños son los que mantienen a los abuelos lejos de saber lo que está sucediendo con la vida de los jóvenes debido a su propio sentido de fracaso.

En realidad, necesitamos preguntarnos: «¿Me avergüenza admitir que los hijos de mis hijos resultan ser inferiores a los niños perfectos que había imaginado?» Si tanto los padres como los abuelos pudieran poner a un lado su orgullo y hablaran de estos temas abiertamente, pudieran formar un equipo poderoso para orar en acuerdo para que los errantes regresen.

Aunque nuestros nietos no reciban una crianza cristiana a medida que maduran y se hacen adultos, o aunque sean nietos adoptados, aun así podemos clamar por ellos como parte de la descendencia del justo que será librada (Proverbios 11:21 RV).

Mientras buscamos su dirección, Dios nos mostrará cómo orar eficazmente, si nuestros nietos están atrapados por presiones negativas de los compañeros, adicciones, pecado sexual, involucrados en el ocultismo, materialismo o un sinnúmero de otros intereses. Él también nos muestra cómo alcanzarlos con un amor incondicional. Esto quiere decir amar sin esperanzas de recibir ningún amor a cambio, amar a pesar de la mala conducta. El amor incondicional no deshereda a la persona aunque esta no retribuya.

Dios nunca la dejará irse

Kim, la nieta de Marlene, tiene veinticuatro años de edad y ya hace mucho tiempo que es pródiga, pero su abuela sigue siendo la intercesora más fervorosa. Aunque viven a muchos kilometros de distancia, Marlene encuentra formas de mantenerse en comunicación con Kim y le expresa su amor.

«Después que Kim se graduó de la universidad, su vida se convirtió en un desastre», dijo Marlene. «Sobregiraba las tarjetas de créditos y comenzó a consumir heroína con su novio. Sus padres se habían mudado lejos, dejándola sola. Ella se mudó de un lugar a otro, dormía en cualquier lugar donde alguien le brindara una cama, y perdió peso porque no estaba comiendo correctamente.

»Los padres de Kim se habían comunicado con ella solo por teléfono, así que no sabían lo desesperante que de veras era la situación. Entonces, un día fueron a la ciudad donde Kim vivía, la sorprendieron y la confrontaron. Se quedaron pasmados al verla cómo vivía en aquella suciedad. Gracias a la insistencia de ellos, Kim fue a un programa para drogadictos».

La abuela Marlene se comunicó con algunas amistades cristianas para unirse en oración y pedir que Kim se liberara de las drogas y regresara al Señor. Cuando era niña, amaba las cosas de Dios y una vez hasta oró con su abuela pidiéndole que Jesús fuera su Salvador.

«En su misericordia, Dios la libró de las drogas», escribió Marlene. «Todavía no le está sirviendo, pero Dios es muy fiel y nunca la dejará irse. Dice que soy la persona más favorita de ella en todo el mundo. Sé que ella ve a Jesús en nuestro hogar, y él está tocando a la puerta de su corazón».

Kim trabaja como vendedora de puerta en puerta, y a menudo la invitan a un hogar donde los ocupantes le hablan de Jesús. Cada vez que va a la casa de un cristiano que la anima, ella llama a su abuela para contárselo.

Marlene ora estos versículos basados en Salmo 119:33-39 por su nieta, sustituyendo el nombre de ella para hacerlos más personales: «Enseña a Kim, Señor, a seguir tus decretos. Dale a Kim entendimiento para seguir tu ley, para que encuentre solaz. Inclina su corazón hacia tus estatutos y no a las ganancias desmedidas. Aparta su vista de cosas vanas, dale a Kim la vida conforme a tu palabra. Confirma tu promesa a Kim, como lo has hecho con los que te temen. Líbrala de la desgracia, porque tus juicios son buenos».

Otro es: «En su angustia Kim clamó al Señor, y él la salvó de su aflicción. Sacó a Kim de las sombras tenebrosas y rompió en pedazos sus cadenas» (Salmo 107:13-14).

Un oído atento

A medida que los nietos crecen y encaran las frustraciones de los conflictos con los padres, la presión de los compañeros, o problemas en la escuela, una abuela puede brindar solaz y un oído atento. Tener un adulto de confianza que oiga su corazón y lo reciba con amor, no con críticas, podría ayudar a prevenir que un joven siga el camino de un pródigo. Barbara Johnson lo ilustra con este esbozo:

Hace poco oí las reminiscencias de alguien que decía que de adolescente, muchas veces iba corriendo a la cocina de su abuela después de una discusión con sus padres. Allí encontraba aceptación incondicional.

«Ella nunca me hacía muchas preguntas», decía el joven. «No favorecía a ninguno de los lados. Tampoco hablaba mucho. Solo abría su puerta y su corazón, y me daba cabida. Quizás parte del alivio que sentía al estar con ella era que mis padres siempre esperaban demasiado de mí, y abuela no esperaba nada, excepto que yo la dejara amarme».

Es probable que esta abuela nunca leyó ninguno de los libros de autoayuda que en estos días andan por ahí, ofreciendo consejos sabios sobre cómo alcanzar a los adolescentes cuando están pasando crisis familiares. Pero demostró una gran sabiduría al abrir su corazón y especialmente «oír sin juzgarme».[1]

---

[1] Barbara Johnson, *Living Somewhere between Estrogen and Death*, [Cuando se vive entre el estrógeno y la muerte], Word, Dallas, 1977, p. 119.

Respuesta de los pródigos a las oraciones

Tom Bisset, autor y locutor de radio cristiano explora el «rechazo de la fe» en su excelente libro *Why Christian Kids Leave the Faith* [Por qué los muchachos cristianos dejan la fe]. Él piensa que mucha más gente de lo que nadie se imagina, se ha ido y regresado a la fe; de hecho, dice que la mayoría de los que se apartan de la fe, sí regresan.

Luego de entrevistar varias veintenas de pródigos para saber qué los hizo alejarse, él saca cuatro razones. Los sujetos de su encuesta le dijeron que ellos dejaron la fe porque:

1. Tenían preguntas problemáticas y sin respuestas acerca de su fe.
2. Su fe no era útil para ellos.
3. Otras cosas de la vida se hicieron más importantes que su fe.
4. Ellos nunca se apropiaron personalmente de su fe; solo trataron de conformarse a las expectativas de otros.[2]

¡Pero las buenas nuevas son que los pródigos responden a la oración y al amor incondicional! Debemos ser fieles al orar por ellos y confiarlos a nuestro Buen Pastor, que se preocupa más profundamente por estas ovejas pródigas que lo que nosotros pudiéramos preocuparnos.

En su capítulo para concluir, el Sr. Bisset nos deja esta verdad para animarnos:

Dios está en todas partes y... siempre está buscando a los suyos. Abandonar tu fe no es simplemente un asunto de desentenderse de Dios y todo lo que se aprendió acerca de Jesucristo y la vida cristiana. Usted no puede

---

[2] Este material se usó con permiso. Tom Bisset, *Why Christian Kids Leave the Faith* [¿Por qué los niños cristianos abandonan la fe?], Discovery House Publishers, Box 3566, Grand Rapids, MI 49501, 1997, pp. 22-23.

sencillamente decidir que quiere una manera diferente de vida que involucra poco o ninguna preocupación por Dios y su verdad eterna. No es tan fácil.

No hay escape del Dios que está en todas partes. Él está ahí y está llamando sin cesar a los suyos para que vuelvan a la casa del Padre.

No importa que esos errantes se nieguen a escuchar o que no asistan a la iglesia o que se conviertan en silentes cuando la conversación trata de los asuntos espirituales. Ni siquiera importa si ellos se niegan a leer la Biblia u orar. Lo que importa es que no pueden escapar de Dios que está en todas partes y que siempre está hablando.[3]

Esto lo podemos atestiguar personalmente y a través de entrevistas con muchos padres y abuelos que han visto volver al hogar a sus pródigos. Estos errantes no pudieron escapar de un Dios amante que los estaba vigilando y cortejando para que regresaran a él.

Te instamos a no dejarte desanimar por las circunstancias negativas en la vida de tus seres queridos. Recuerda que el Espíritu Santo obra en el corazón y en el dominio espiritual para efectuar los propósitos de Dios. El corazón de un pródigo debe cambiar primero, y entonces cambiará la conducta. Debemos seguir el ejemplo del padre en Lucas 15:11-32, nunca perder las esperanzas de que el errante volverá. ¡Siempre es demasiado pronto para dejar de orar por un pródigo!

La motivación tan necesaria

Yo (Quin) recuerdo lo descorazonados que estábamos mi esposo y yo hace años cuando estábamos batallando

---

[3] Ibíd, pp. 205, 206, 207.

con una oración por los pródigos de nuestra familia y no veíamos cambios positivos. Dios nos envió a Paul Billheimer y su esposa, Jenny, a tener una comida en nuestra mesa para animarnos. Este ministro y autor nos contó acerca de sus propias andanzas de pródigo y acerca del «poder de las oraciones» de su mamá, como le llamaba él, las cuales lo hicieron regresar. Nos amonestó a agarrarnos de las promesas que Dios nos da respecto a nuestros seres amados.

Leí y releí este pasaje muchas veces en su libro *Destined for the Throne* [Destinado para el trono]: «Mi mamá usó estas armas [mencionadas en 2 Corintios 10:3-5] conmigo. Yo era tan hostil hacia Dios como cualquier pecador y luchaba con todas mis fuerzas. Pero llegó el momento en que era más fácil bajar mis armas que continuar mi resistencia. La presión que el Espíritu Santo ejerció en mí se hizo tan poderosa que voluntariamente busqué alivio cediendo mi voluntad rebelde. La conquista del amor divino era tan fuerte que por mi propia voluntad caí en los brazos de la gracia redentora. Me convertí en un cautivo voluntario».[4]

Después de la visita de Billheimers, que tanto nos animó, mi esposo y yo renovamos nuestra resolución para continuar orando en acuerdo y confiar a Dios nuestros familiares incrédulos. Uno por uno comenzaron a venir, hasta una tía en sus noventa recibió a Cristo exactamente antes de morir. El tiempo de Dios para traer al hogar a nuestros pródigos tal vez no esté de acuerdo a nuestros deseos, pero sus caminos siempre son los mejores.

---

[4] Paul Billheimer, *Destined for the Throne* [Destinados para el trono], Cruzada de Literatura Cristiana, Fort Washington, PA, 1975, pp.67-68.

Bombardeada con amor

Ellie nos escribió para decirnos lo agradecida que estaba porque la abuela de su esposo la quería y oraba por ella, hasta que conoció a Jesús como su Señor y Salvador.

«Cuando contraje nupcias con mi esposo, que no servía a Dios en ese entonces, me casé con una familia de creyentes leales», dijo ella. «Estoy segura que desde que sus nietos nacieron, esta maravillosa abuela había orado por sus futuras compañeras. Cuando me vio por primera vez, era una fumadora continua, teñida de rubia que creía en la astrología. Tan pronto como ella pudo estar a solas con el Señor, estoy segura que probablemente dijo: "Padre, esta no es la que yo tenía en mente para que fuera la compañera de mi nieto, pero hágase tu voluntad. Tendremos que trabajar con lo que se nos ha dado".

»Y sí que trabajó. Me bombardeó con amor y aceptación como nunca recibí de nadie. Mucho después descubrí que nadie de la familia podía decir nada en mi contra sin recibir un regaño de ella. Alrededor de seis años después de conocer a Abuela Bea, un día sentada en mi carro durante la hora de almuerzo, le pedí a Jesús que viniera a mi vida y corazón y me hiciera agradable a él. Me habían enseñado que Jesús es el Hijo de Dios, y al leer un libro acerca de los últimos tiempos, reconocí que era pecadora necesitada de un salvador. Nunca antes me habían explicado el plan de salvación, pero por instinto sabía que debía pedir a Dios que me perdonara a través de Cristo. Aquel día, luego de orar en mi carro, no tuve dudas de estar gloriosamente perdonada y que de alguna forma Cristo estaba viviendo en mí. Mi vida nunca volvió a ser igual».

Más o menos después de un año que Ellie se entregó al Señor, murió la Abuela Bea, pero continuaron los resultados de sus oraciones. Tres años más tarde, su nieto, el esposo de Ellie, reconsagró su vida a Cristo. Ahora Ellie y Ron están orando por su propio nieto que es un pródigo.

«Estamos orando para que él agote sus recursos como consecuencia de su pecado», dijo ella. «Pero también le pedimos a Dios que lo proteja de una autodestrucción. Antes de ser un pródigo, sentí que el Señor me dio un versículo para este nieto: "Ningún ojo ha visto, ningún oído ha escuchado, ninguna mente humana ha concebido lo que Dios ha preparado para quienes lo aman" [1 Corintios 2:9]. Creo que cuando él vuelva al Señor, Dios lo bendecirá sin medida».

La oración persistente no es en vano

A veces los miembros de la familia esperan años para que un pródigo cambie su corazón hacia Dios y vuelva al hogar verdaderamente arrepentido, no solo apesadumbrado y con remordimiento. En la siguiente historia, un nieto oye la voz del Espíritu Santo urgiéndolo porque es el momento preciso para llamar a su tío extraviado. Una decisión trascendental cambia la vida de un pródigo e impacta a toda la familia que había pasado años orando por este dramático cambio.

Nuestro amigo pastor Gregg Headley nos dijo que las oraciones de sus abuelos hicieron una impresión perdurable en él cuando era un niño y los visitaba en su casa.

«Abuelo y abuela Horton nos llamaban a todos a la sala para tener unos momentos de oración, y todos nos arrodillábamos mientras él oraba en voz alta», decía Gregg. «Si participábamos o no, definitivamente lo oíamos orar cuando le daba gracias a Dios y entonces mencionaba a todos los miembros de la familia. Pero oraba, con un fervor especial y a menudo con lágrimas, por su hijo pródigo, mi tío Wayne, pidiéndole a Dios que lo trajera de regreso para disfrutar de su compañía. Nunca, en todos los años que lo visité, dejó de orar por su hijo, cuya vida se estaba destruyendo por el alcoholismo. Abuela me dijo que muchas veces por la mañana encontraba mojada la almohada de abuelo por las lágrimas que derramaba orando durante la noche».

Pasaron años. La esposa de Wayne se enfermó con cáncer y le dieron pocas esperanzas de recuperarse. Hasta en su estado de pródigo, Wayne supo del poder de la oración, así que le pidió a un pastor de la localidad que viniera y orara por su esposa enferma. Como la pareja no asistía a la iglesia, el pastor rechazó la petición, lo que desde luego, solo sirvió para que Wayne se amargara más. Pero Dios intervino mandando a dos señoras de la comunidad que ni siquiera conocían para mostrar un amor incondicional a Wayne y su esposa que se estaba muriendo. Trajeron comida, ayudaron con los quehaceres de la casa, y entonces, imperturbables por el lenguaje grosero de Wayne, oraron. El corazón del pródigo comenzó a ablandarse.

«Mi mamá, la hermana de Wayne, más que ningún otro miembro de la familia, trató de hablar con su hermano acerca del Señor», nos contó Gregg. «Pero él siempre la detenía diciéndole: "No, todavía no ... no es el momento". Entonces, un día mi hermano, Bruce, iba conduciendo su auto y sintió que el Señor le habló diciéndole que llamara por teléfono al tío Wayne, lo cual se propuso hacer tan pronto llegara a la casa. Pero la vocecita seguía insistiéndole: *Llámalo ahora.* Bruce se estacionó a un lado de la carretera e hizo la llamada desde su teléfono celular. Le dijo: "Tío Wayne, sentí que el Señor me dijo que te llamara y te dijera que ahora es el momento para que hagas las paces con Dios. Es tiempo que te vuelvas a él". El corazón de Wayne estaba listo, y Bruce lo guió al Señor por teléfono».

El abuelo no vivió para ver sus oraciones contestadas, pero sus lágrimas e intercesión no se desperdiciaron. Dios usó a su nieto para llevar al pródigo al hogar, y abuela Horton, que aún vive, tuvo el gozo de ver el fruto de sus oraciones.

Wayne solo vivió un año después de volver al Señor, pero durante ese corto tiempo, su vida cambió en todas las maneras posibles. Él trabajaba de mecánico en un taller para reparar automóviles, y sus compañeros de trabajo y los clientes preguntaban: «¿Qué le pasó a Horton? Ha cambiado». Comenzó a asistir a la iglesia y su pastor dijo que durante ese año probablemente Wayne habló del Señor a más personas que lo que hablan la mayoría de las personas durante toda la vida.

«Mi mamá estaba con tío Wayne poco antes que muriera», dice Gregg. «Las últimas palabras a ella fueron: "Asegúrate de decirle a Bruce lo agradecido que estoy por esa llamada de teléfono". Me imagino qué reunión tan feliz se llevó a cabo en la gloria cuando abuelo le dio la bienvenida a su hijo. Este ejemplo del increíble poder de las oraciones de abuela y abuelo fue una bendición y motivación para toda nuestra familia».

Nuestras oraciones y lágrimas por un pródigo nunca son en vano, aunque las circunstancias puedan parecer muy desalentadoras. Si somos fieles para orar, Dios fielmente envía su mensajero para ayudar a cambiar el corazón de nuestros seres queridos.

Ora en contra del rechazo

Phyllis y su esposo, Art, oran juntos regularmente por todos sus hijos y nietos. Pero durante años oraron especialmente por su hija pródiga, Brenda, y sus tres hijos. Brenda y su esposo, Monte, se divorciaron cuando Kirk tenía tres años de edad y Robby no llegaba a los dos años. El tercer hijo nació más adelante, resultado del adulterio de Brenda, el cual motivó el divorcio.

«A medida que Kirk y Robby crecían, trataron de mantenerse en contacto con su padre y lo visitaron todos los veranos», contó Phyllis. «Pero Monte volvió a casarse, pronto tuvo otros cuatro hijos, y se mudó a la base del ejército en la costa oeste para trabajar como entrenador del ejército. Se las ingenió para pagar un apoyo mínimo para los hijos pero no podía pagarles pasajes aéreos desde Virginia para que lo fueran a ver. A veces les prometía que les enviaría regalos de Navidad o de cumpleaños, pero con frecuencia estos llegaban uno o dos meses más tarde. Parecía que Monte quería mantenerse conectado, pero estaba batallando con problemas financieros, y Kirk y Robby sintieron que él no estaba interesado en ellos. Sufrieron muchos rechazos».

Cuando Kirk cumplió catorce años, se puso muy rebelde y airado y ya tenía problemas de bebidas. La policía lo encontraba borracho cuando lo recogían por no asistir a la escuela, y Brenda se sentía incapaz de disciplinarlo. De hecho, él se ponía tan bravo que a veces ella le tenía miedo. Un verano Brenda usó su dinero para enviar a Kirk y Robby a visitar a su padre. Al final del verano, ella habló con Monte acerca de los problemas de disciplina que tenía Kirk, y él acordó quedarse con los muchachos.

«Ahora Monte está sirviendo al Señor y tratando de ser un buen padre para sus hijos». dijo Phyllis. «Hace poco, Kirk, ahora de dieciséis, no volvió a la casa en toda la noche y la policía lo recogió. Cuando lo estaban registrando, le encontraron drogas en los bolsillos. Mi esposo y yo sabemos que solo Dios puede curar los sentimientos de rechazo de Kirk, sacar su ira, y cambiar su corazón. Por eso es que estamos orando. Robby no es realmente rebelde, pero su relación con el Señor no es como debiera ser. Estamos preocupados porque él ansía tanto que lo acepten, que hace cualquier cosa que su hermano mayor le pida. Después de este incidente, Monte nos dijo que Kirk se excusó por lo sucedido y le pidió a su padre que lo perdonara, era la primera vez que hacía esto».

Mientras tanto, Phyllis y Art están animados porque los problemas con Kirk han sido la causa para que Brenda haya vuelto al Señor, y están viendo buenos cambios en ella. Ahora parece comprender lo dolido y desconcertados que estarían sus padres cuando ella se rebelaba.

«Una vez nos dijo que sintió miedo de volver al Señor, temor de volver a fallarle», dijo Phyllis. «Hace poco Art oró con ella por teléfono acerca de su batalla con la culpa que siente por las cosas que ha hecho y su sentido de fracaso como madre; fue un verdadero adelanto que ella le permitiera a él hacer esto. Hablamos con Brenda a menudo para decirle cuánto la amamos y asegurarle que estamos orando, igual que ella, por Kirk».

Hace varias semanas, Art habló con sus nietos acerca de su pobre desempeño en la escuela. «Creo que ustedes pueden hacer algo mucho mejor de lo que creen», les dijo. «Los desafío a trabajar para mejorar sus calificaciones. Por cada sobresaliente que ustedes tengan el próximo semestre, les daré veinticinco dólares, y por cada calificación que mejoren les daré diez dólares».

Ellos están reaccionando al desafío, para el disfrute de sus padres y abuelos. «Papá, parece que esto te va a costar bastante», le dijo Brenda a Art hace poco, cuando le comentó los informes del progreso de las calificaciones que recibió de ambos muchachos.

Las circunstancias en esta familia a veces han partido el corazón, pero Phyllis y Art están convencidos de que Dios está obrando para sacar algo bueno de cada situación negativa. «Una vez oí al pastor orar así: "Señor, preserva a nuestros hijos de las profanaciones malignas de

este mundo"», contó Phyllis. «Estamos orando por todos
nuestros nietos».

Un Dios que guarda su pacto

En nuestro libro *Praying Prodigals Home* [Oración para
que los pródigos vuelvan al hogar], contamos la historia
de un ministro cuya hija se amargó después que su esposo tuvo una aventura amorosa y la dejó con dos hijos.
Ella cortó las relaciones con sus padres y no les permitía
ver a las nietas. Pero el ministro y su esposa descansa-
ron su fe en las promesas de Dios acerca de mantener su
pacto con el pueblo, y ellos oraron diariamente por su
hija y nietas basándose en estos pasajes bíblicos:

> Reconoce, por tanto, que el Señor tu Dios es el Dios
> verdadero, el Dios fiel, que cumple su pacto genera-
> ción tras generación, y muestra su fiel amor a quienes
> lo aman y obedecen sus mandamientos.
> *Deuteronomio 7:9*

> En cuanto a mí —dice el Señor—, éste es mi pacto con
> ellos:
> —Mi Espíritu que está sobre ti, y mis palabras que he
> puesto en tus labios, no se apartarán más de ti, ni de
> tus hijos ni de sus descendientes, desde ahora y para
> siempre —dice el Señor.
> *Isaías 59:21*

Cuando las niñas llegaron a los años de la adolescencia, la hija tenía problemas financieros y les pidió ayuda
a los padres. Se mudó a una casa móvil que puso en la
propiedad de ellos para vivir allí las tres y por fin reanu-
dar las relaciones con las nietas. Un día, cuando el ministro vino a la casa luego de un viaje, comenzó a subir los

escalones de la casa móvil para ver a las niñas. Pero cuando oyó voces a gritos dentro, dudó y oyó.

—¿Por qué es que de repente tenemos que comenzar a leer la Biblia e ir a la iglesia? —le gritaba una de las hijas a su mamá—. Nunca antes te ocupaste de la religión.

—Bueno, Dios tiene un pacto con tu abuelo, y no podemos safarnos de eso —le contestó a gritos.

—Un pacto... ¿qué es eso? —preguntó la adolescente.

Con rapidez, el ministro se retrajo, no queriendo interrumpir la conversación. Terminó su historia diciéndonos:

—Mi hija todavía no se encuentra en el lugar espiritual que deseo para su persona, pero ella y las niñas están en el camino. Es el comienzo. Estoy confiando en que Dios mantenga su pacto conmigo para nuestra familia.[5]

El perdón es necesario

Abuela Edith nos escribió contándonos del dolor en el corazón que sienten ella y su esposo debido a su nieta pródiga, por quien han estado orando durante años.

«Hace poco el Señor me habló acerca de la necesidad de perdonar a Lucy», dijo ella. «Mi esposo lucha con esto porque cree que perdonarla querrá decir que tolera la vida que está viviendo. No hemos visto ni oído de Lucy desde hace tres meses cuando vino a nuestra casa para una comida familiar. Estaba tan callada y reservada que me entristeció. No me era posible hablarle cara a cara, pero me sentía triste al recordar lo infeliz que se veían sus ojos. Cuando era pequeña y antes de ser adolescente, era una niña tan alegre y dichosa. Dios me está ayudando a

[5] Quin Sherrer y Ruthanne Garlock, *Praying Prodigals Home* [Oración para que los pródigos vuelvan al hogar], Regal, Ventura, CA, 2000, pp. 209, 210.

perdonarla verdaderamente, y estoy orando para que mi esposo también vea la necesidad de perdonarla. Le estoy pidiendo a Dios que le dé a Lucy el deseo de volver al gozo que una vez conoció en él».

Una clave importante para orar por los pródigos es no juzgarlos ni dejar de perdonarlos, sino orar con fe para que sus ojos se abran a la verdad de Dios. Los miembros de la familia con frecuencia sufren muchos desencantos y pérdidas en lo que queda después que un pródigo se va, y no es fácil perdonar. Pero el perdón no significa tolerar. Perdonar significa

- Liberar a la persona de mi juicio
- Entregarla en las manos de Dios, pidiéndole que trate con la persona de la mejor forma que sepa.
- Pedir perdón a esa persona por juzgarla injustamente, por herirla de cualquier forma, o por no establecer un modelo piadoso ante ella.

La gracia y la misericordia de Dios son capaces de alcanzar el corazón del pródigo más rebelde, no importa cuán horrible o cochino sea el lugar donde esté viviendo. No podemos darnos el lujo de permitir que nuestra falta de interés para perdonar obstaculice el camino de su misericordia (Santiago 2:13). Mientras tanto, él nos puede curar nuestras heridas y darnos paz y la seguridad de estar obrando en la vida de nuestros pródigos.

El legado siempre tiene heredero

Sid, el hijo de un pastor que yo (Quin) conocí recientemente, nos cuenta cuán importante fueron las oraciones de su abuela para hacer que él renunciara a su rebeldía y sirviera al Dios de su niñez. Siempre había disfrutado de la relación especial con su abuela porque él nació el día que ella cumplió cincuenta y cinco años.

«Abuela Mary era una formidable mujer de Dios», dijo él. «Nació en Escocia, proviene de una familia fuertemente cristiana y durante mucho tiempo fue maestra de la Escuela Dominical. Como mi mamá había tenido seis hijos durante doce años, y mi papá estaba trabajando y estudiando por las noches, mis abuelos nos "criaron" a mí y a mi hermana mayor, durante los fines de semanas».

Sid se crió en una iglesia denominacional. Asistió a la Escuela Dominical y a las clases de catequismo, pero mayormente aprendió reglas y ritos y nada acerca de una relación personal con Jesucristo. Una vez que salió de la casa para ir a la universidad, decidió alejarse de Dios.

«Durante mis años de pródigo, mi abuela era la guerrera de oración principal y constante intercesora por mi salvación», dijo él. «Seguí a una escuela para obtener el doctorado, donde conocí a una joven que me testificó de su fe y era en verdad una modelo de cristianismo. El día del cumpleaños de mi abuelo, acepté a Cristo como mi Señor y Salvador. Más adelante, la joven que me discipuló se convirtió en mi esposa.

»Casi un año más tarde de haber vuelto al Señor, murió abuela Mary con cáncer. Un tiempo después, abuelo me dijo que ella había orado por mi salvación todos los días. Me dijo que ella siempre tuvo un deseo secreto para su único hijo, mi papá, y era que se dedicara al ministerio. Bueno, perdió una generación. Pero ahora soy pastor de jóvenes, buscando criar nuevos soldados para el Señor entre nuestros jóvenes. Estoy llevando el legado de mi abuela y cumpliendo con su esperanza de tener un hijo en el ministerio».

Una abuela escribió diciéndonos cuánto ora por su nieto que está en un centro de detención: «Señor, te pido que mandes a tu Espíritu Santo para consolar a mi nieto cuando está deprimido y extraña a su familia. Te pido que vuelva a ti, Señor, que oiga tu voz y siga el plan que

tú tienes para su vida. Te pido que él escoja bien a sus
amigos para que lo lleven a ti. Ayúdalo a reconocer que
está abusando de su cuerpo con su modo de vivir y al consumir drogas. Haz que los adultos que son sus autoridades le den sabios consejos con amor fuerte. Señor, te
pido la completa liberación de todas sus adicciones. Gracias anticipadas por el día en que él venga al hogar como
una nueva criatura, alabándote y regocijado por lo que la
vida le tiene reservado. Amén».

Siempre es demasiado pronto para dejar de orar

Es fácil desanimarse cuando nos concentramos en las
circunstancias negativas de las vidas de los nietos pródigos en lugar de afirmar nuestra fe en la Palabra de Dios.
En esos momentos, trae a la mente la fidelidad de Dios
en el pasado y agradece que él esté obrando en maneras
invisibles para cambiar el corazón de tu pródigo. Tom
Bisset nos cuenta una historia que nos anima de una mujer joven llamada Darlene que dejó su fe cristiana y siguió una vida de lesbianismo. Dios mandó un consejero
fiel a su vida, y su preocupación por una amiga íntima la
motivó a comenzar de nuevo a leer la Biblia.

«Hasta cuando estaba haciendo las peores cosas, nunca deseché mi fe por completo», le contó al señor Bisset.
«Aunque dejé de asistir a la iglesia, nunca dije "Jesucristo, sal de mi vida". Lo que aprendí de niña todavía está
ahí. ... Dos cosas, amor y verdad, que se unieron en mis
padres y que modelaron a Dios para mí. Estoy segura que
esto fue una parte de la razón por la cual volví a mi fe».[6]

6 Este material se tomó de: Tom Bisset, *Why Christian Kids Leave the Faith*,
  Discovery House Publishers, Box 3566, Grand Rapids, MI 49501, 1997, pp.
  157-158. Usado con permiso. Derechos reservados.

Abuelas de oración, créanlo de todo corazón, sus lágrimas y oraciones un día serán premiadas.

Oración

Señor, estoy triste porque mi nieto [nombre] ha escogido darte la espalda y no confiar en ti, sin reconocer que ahora está en un camino de destrucción. Ayúdame a alcanzarlo con un amor incondicional; por favor envía a alguien que se le cruce en su camino que le hable de la Palabra de Dios con audacia. Señor, decido perdonar a [nombre] por desencantarme y por todas las veces que hirió a otros. Te entrego a este nieto(a) en tus manos y te pido que envíes al Espíritu Santo para que [nombre] vuelva a ti. Gracias por tu fidelidad. Amén.

Pasajes bíblicos de ayuda

Así dice el Señor:
«Reprime tu llanto,
    las lágrimas de tus ojos,
pues tus obras tendrán su recompensa:
    tus hijos volverán del país enemigo
        —afirma el Señor—.
Se vislumbra esperanza en tu futuro:
    tus hijos volverán a su patria
        —afirma el Señor—».
Jeremías 31:16-17

Porque para Dios no hay nada imposible.
Lucas 1:37

Su divino poder, al darnos el conocimiento de aquel que nos llamó por su propia gloria y potencia, nos ha concedido todas las cosas que necesitamos para vivir como Dios manda. Así Dios nos ha entregado sus preciosas y magníficas promesas para que ustedes, luego de escapar de la corrupción que hay en el mundo debido a los malos deseos, lleguen a tener parte en la naturaleza divina.

2 Pedro 1:3-4

Oración de las Escrituras

Señor, protege a [nombre] del poder de los impíos; protégele de los violentos que piensan hacerle caer. ¡Tú eres su Dios! Señor Soberano, salvador poderoso de [nombre], que le proteges en el día de la batalla [Salmo 140:4, 7]

Citas bíblicas relacionadas al tema

Génesis 18:10; 21:1; Josué 23:14; Job 33:14-18; Salmo 33:11; Lucas 15:11-32; Romanos 15:13; 1 Corintios 1:20-23.

10

Ora por sus decisiones

Confía en el Señor de todo corazón, y no en tu propia inteligencia. Reconócelo en todos tus caminos, y él allanará tus sendas. No seas sabio en tu propia opinión; más bien, teme al Señor y huye del mal.   *Proverbios 3:5-7*

¿Qué es lo último que pasa cuando tus decisiones están atadas a las instrucciones de Dios? Él ofrece su verdad y apoyo perdurable. Él nos toma en serio y entreteje su poder en la fábrica de nuestras vidas. En lugar de nuestro desorden nos da paz. En lugar de nuestra debilidad e inestabilidad, él brinda fortaleza y estabilidad.

Charles Swindoll, *Dropping Your Guard*
[Baje la guardia]

Nunca es demasiado temprano para orar por nuestros nietos respecto a las decisiones cruciales y puntos decisivos en sus vidas. De acuerdo a nuestra experiencia, sabemos cómo las tempranas decisiones forman la vida de una persona en maneras importantes: elección de amigos, elección de la educación, profesiones, compañero(a) para el matrimonio, a cuál iglesia asistir.

Muchos, ya sea en nuestras familias inmediatas o extendidas, hemos encarado situaciones dolorosas como resultado de las decisiones erróneas que tomaron los jóvenes: un embarazo fuera del matrimonio, una acusación

por uso de drogas, un accidente de automóvil por conducir en estado de embriaguez, intimidación de miembros
de una pandilla, calificaciones bajas debido a la influencia negativa de los compañeros, problemas de disciplina
en la escuela debido a una conducta rebelde.

Algunas veces los abuelos creen saber cómo se deben resolver las cosas de sus hijos o nietos. Pero solamente Dios sabe qué es exactamente lo mejor para quienes amamos. Vamos a pedirle al Espíritu Santo que guíe
nuestras oraciones de acuerdo a su plan para ellos a medida que toman decisiones importantes.

Cómo imitar el ejemplo de la abuela

Con frecuencia los abuelos influyen en sus nietos durante los primeros años de vida, aunque tal vez lo hagan
inconscientemente. Jack Terry, renovado cristiano, un artista que pinta maravillosas escenas del oeste, es un
buen ejemplo. Cuando solo tenía tres años de edad, se
sentaba al lado de su abuela y observaba cómo pintaba
bellos paisajes y cuadros de objetos inanimados. A su
temprana edad, ya tenía fuertes deseos de dibujar e imitar lo que ella hacía.

A medida que pasaron los años, Jack buscó instrucciones y consejo de profesionales con éxito. A la edad de
doce años sabía que el plan de Dios para su vida incluía
la pintura. Un versículo de la Biblia le habló: «El corazón
del hombre traza su rumbo, pero sus pasos los dirige el
Señor» (Proverbios 16:9).[1]

Hoy, sus pinturas reflejan la gloria de la creación de
Dios. Pero ¿quién puede negar la temprana influencia de
una abuela sabia y talentosa que animó a un joven a desarrollar sus dones?

---

[1] Jack Terry, *The Great Trail Ride* [El gran recorrido del camino], Harvest
House, Eugene, OR, 2000, p.54.

Un futuro de esperanza

Nuestra amiga Laura se sintió muy preocupada cuando su nieto, Tony, estaba más y más disgustado con sus estudios universitarios de ingeniería. Sus padres se divorciaron, y él estaba frustrado tratando de complacer a su papá, que le pagaba su educación e insistió en esta elección de su carrera. A veces Tony, cuando no comprendía bien la asignatura, abandonaba la clase y eso enfurecía a su papá.

La abuela Laura oraba con diligencia por este joven, cuyo primer amor era la música. Tony tocaba en orquestas durante el verano y con desesperación quería una carrera que estuviera relacionada a la música. Después de asistir a la universidad durante casi cinco años, todavía le faltaba bastante para graduarse, aunque estudiaba mucho durante los exámenes para tratar de acabar la carrera de ingeniería.

Durante la semana de exámenes, Laura siempre le mandaba a Tony una caja de galletas hechas en casa acompañada de una nota de ánimo. Pero una vez, durante el semestre de la primavera, le incluyó un pasaje: «Porque yo sé muy bien los planes que tengo para ustedes —afirma el Señor—, planes de bienestar y no de calamidad, a fin de darles un futuro y una esperanza. Entonces ustedes me invocarán, y vendrán a suplicarme, y yo los escucharé. Me buscarán y me encontrarán, cuando me busquen de todo corazón. Me dejaré encontrar —afirma el Señor—, y los haré volver del cautiverio. Yo los reuniré de todas las naciones y de todos los lugares adonde los haya dispersado, y los haré volver al lugar del cual los deporté, afirma el Señor» (Jeremías 29:11-14). Varias frases del pasaje parecían saltar al corazón de Tony: *planes para darle un futuro y una esperanza ... y los haré volver al lugar del cual los deporté.*

Esta nota de su abuela fue un punto decisivo, dándole esperanza en medio de su desespero. Tony sintió que Dios lo estaba animando para usar sus talentos musicales; después de todo, fue el Creador el que le dio esos dones. Tan pronto cumplió los veintiún años, Tony dejó la ingeniería. Se mudó con su mamá, se transfirió a una universidad cerca de la casa de ella para estudiar música, y se empleó tiempo completo para pagar sus estudios. Su meta es tocar en la Orquesta Sinfónica de Atlanta.

La abuela Laura está muy orgullosa del progreso de Tony al seguir lo que siempre quiso desde que tocó el primer instrumento en la banda de la escuela secundaria. Y ella no ha dejado de orar por él para que logre su meta.

Anima sus decisiones

Los niños necesitan espacio para explorar las posibilidades y descubrir dónde descansa su talento, a medida que crecen y se desarrollan. Es sorprendente ver cómo a veces indican lo que esos talentos son desde una temprana edad.

Cuando nuestra segunda hija, Melody, nos dijo a John y a mí (Ruthanne) que Rachel, de cuatro años de edad, quería aprender a tocar el violín, ninguno de nosotros le hizo caso. Los miembros de la orquesta sinfónica de la localidad visitaron el preescolar de Rachel con varios instrumentos y permitieron que los niños los tocaran. Rachel esperó su turno para tocar un violín y le encantó, y ni siquiera quería dejar que el próximo niño tomara su turno. Se puso en la fila para una segunda vuelta y una vez que estaba en sus manos, de nuevo trató de quedarse con el instrumento.

Ese día salió del preescolar, se fue a la casa y dijo: «Mamá, quiero aprender a tocar violín». Melody, que tenía un título universitario de música, pensó que como era tan joven sería algo que pasaría con rapidez. Pero no fue así, Rachel andaba por la casa tarareando y tocando su violín imaginario, insistiendo que quería tomar lecciones.

A la edad de cinco años, Melody la matriculó en unas clases de un grupo de música y Rachel comenzó a aprender a tocar piano y algunas cosas básicas de música. Antes de cumplir seis años, ya estaba tomando lecciones privadas de piano y tocaba muy bien, pero seguía insistiendo en que quería tocar el violín. Por último, Melody alquiló un violín, encontró una maestra, y la niña comenzó a tomar clases cuando tenía siete años. Para sorpresa de todos, se desenvolvió con el violín como un pez en el agua.

Oramos con Melody a través de estos pasos y la tratamos de animar cuando se preocupaba por los gastos. Abuelo John hasta le prometió ayudar a comprar el primer violín de Rachel cuando fuera lo suficientemente grande para tener un instrumento profesional. En la primavera del segundo año de sus lecciones, Rachel oyó acerca de la orquesta de jóvenes de la localidad y quiso probar. Tenía nueve años, la edad mínima.

Melody nos pidió que oráramos, y trató de preparar a Rachel para la posibilidad en caso de que no fuera suficientemente buena para lograrlo. El grupo toca un repertorio normal, no tiene material simplificado para los principiantes. Pero Rachel aprobó la audición sin temores de ninguna clase y la colocaron en la segunda sección de los violines. Antes de cumplir los doce años, ganó la posición de concertista maestra, tocando en primera fila en la sección de primeros violines.

Lydia, la hija de diez años de Melody, está tomando clases de violonchelo y ahora se está preparando con miras a una audición para obtener una posición en la misma orquesta. Si su interés persiste, la ayudaremos a comprar su instrumento cuando ya esté lista, igual que hicimos con Rachel. Y Joel, de ocho años, decidió que quiere tocar trompeta como hace el abuelo John. Para las navidades del año pasado, John le dio a Joel una de sus trompetas y también le dio su primera lección. Ahora está estudiando con un maestro y ensaya fielmente.

Durante la visita de navidades, nos invitaron a un recital con cada uno de los niños tocando una pieza al piano, y Rachel y Lydia tocaron un dúo de violín y violonchelo, acompañados por su mamá. Abuelo John aprovechó la oportunidad de hablar con Rachel y elogiarla por los logros alcanzados. Al mismo tiempo, quiso asegurarle que es probable que ella entre en una competencia y alguien más habilidosa le pueda ganar. «Pero perder no disminuye tu talento ni tu valor como persona», le dijo. «Mientras te esfuerces por hacer lo mejor, no tienes necesidad de sentirte avergonzada».

«No sé si alguno de mis hijos terminará siendo un músico profesional», dijo Melody. «Pero la disciplina y persistencia necesaria para estudiar y tocar un instrumento se puede aplicar a otras áreas de la vida, y eso es bueno para ellos. Además, con todos involucrados en la música en el hogar y en la iglesia, esta se constituye en una fuerza cohesiva en nuestra familia».

Los expertos de veras no saben hasta qué punto los genes forman las elecciones de un niño. Pero es interesante notar que la abuela de Rachel, que murió cuando Melody solo tenía siete años de edad, era una violinista consumada. Abuelo John tomó su primera lección de trompeta cuando tenía ocho años de edad, y disfrutó tocar instrumentos de bronce toda su vida. Y ahora parece que su nieto Joel tal vez siga sus pasos.

En una encuesta del gobierno, dirigida a niños de nueve hasta diecisiete años de edad, más de veinticinco mil participantes dijeron que la música era el factor principal para estar alejados de las drogas. Otras respuestas que mencionaron con más frecuencia incluían actividades con la familia y los deportes. «Las palabras y acciones de los padres, y las influencias de otros adultos, son más efectivas de lo que ellos piensan para mantener a sus hijos alejados de las drogas», dijo el director de la agencia que supervisó la encuesta.[2]

Ora en tiempo futuro

Recientemente yo (Quin) pasé una mañana con Virginia, una asombrosa señora de setenta y ocho años de edad, bisabuela de oración, la reconocida matriarca espiritual de una familia que la respeta mucho. Los cinco nietos de Virginia y siete biznietos, con frecuencia le confían sus dolores y problemas, sabiendo que primero ella orará, para luego contarles, individualmente, cualquier revelación que reciba. Ellos se mantienen en contacto por correo electrónico, teléfono o en persona.

Virginia admite que tiene un gran sentido del humor y le encanta ver a los niños. Los compara con una planta que crece, florece y da fruto. Este invierno está viviendo con su hijo Dave y su esposa, el hijo de estos, Mike y su esposa, y sus dos hijos. Es una casa llena con cuatro generaciones viviendo bajo el mismo techo, y oran juntos acerca de todo lo que sucede en la familia.

La otra noche cuando a Jennie, de ocho años, le dieron unas nalgadas por decir una mentira, fue la bisabuela

---

[2] «La música, la familia y los deportes ayudan a prevenir el uso de las drogas», cita de un informe de la Prensa Asociada del 5 de diciembre de 2000. *Dateline DREAM*, febrero/marzo 2001, p.4. *Dateline DREAM* es una publicación de Developing Resources for Education in America, Inc., Jackson. Missippi. La encuesta citada fue parte de una campaña de mercadeo para la juventud "What's Your Anti-Drug?" [¿Cuál es tu antidroga?], bajo los auspicios de la Oficina de la Casa Blanca de National Drug Control Policy [Política Nacional del Control de Drogas], financiada por el Congreso de los Estados Unidos.

Virginia quien tuvo una larga conversación con ella luego que dejó de llorar. «Déjame decirte la historia de otra niñita que una vez dijo una mentira y también recibió una nalgada», le dijo Virginia. «Esta niñita mintió para cubrir su fechoría porque quería que sus padres pensaran que ella era una niña buena».

Desde luego, la historia era de ella misma, y debido a que Virginia comprendió el dilema de Jennie, la niña oyó el consejo de la bisabuela.

«Me identifico con Jennie porque veo en ella mucho de mí misma», dijo Virginia. «Le pregunté a Jennie cómo se sintió cuando dijo la mentira, tratando de discernir cuáles eran sus emociones para así llegar a la raíz del problema. Después de la conversación, pude sugerirle a la mamá de Jennie la manera en que debe componer las preguntas a su hija Jennie, que es más lenta y ecuánime que ella».

Virginia dice que Dios le muestra cómo orar por las decisiones futuras de los nietos y biznietos. A veces, mientras ora, siente la seguridad de Dios en las consecuencias buenas de la vida de un niño en particular, consecuencias que no se relacionan con las circunstancias del momento.

«A media noche me despierto con un cuadro en mi mente y una comprensión de cómo orar por ese niño», dijo ella. «Le pido al Señor que me muestre cómo se siente, cuáles son sus necesidades, y cómo orar por su futuro. Lo escribo y espero hasta el momento apropiado para comentarlo. Yo sabré cuándo su corazón está listo para recibir el mensaje».

Andy, uno de sus biznietos, lucha con la dislexia. Hace poco lo suspendieron por una trifulca en el ómnibus de la escuela. Mientras Virginia oró acerca de esta situación, el Señor le mostró que el padre de Andy, su nieto, necesitaba dedicarle más atención a la oración por su hijo. Cuando ella le contó su sentir, él estuvo de acuerdo y ahora está mucho más atento a esta responsabilidad de orar por los suyos. Fue con Andy a ver a la directora de la escuela, y volvieron a aceptar al niño.

Aunque Andy está en algunas clases de educación especial, es creativo e inquisitivo, dice Virginia. La lectura es un proceso difícil y lento, pero retiene lo que lee. Tiene excelentes habilidades verbales y una asombrosa comprensión de la Biblia para un niño de su edad. Le gusta sacar de la biblioteca libros de ciencia y hace poco disfrutó hacer un modelo de un volcán con su papá. Los sábados su papá lleva a Andy a través de todo el pueblo para que su bisabuela lo enseñe. Ella emplea tiempo principalmente motivándolo con sus talentos y haciéndolo hablar acerca de sus sentimientos y sueños. Las maestras de la escuela y los amigos tal vez vean a un lector lento, pero abuela Virginia ve su potencial para llegar a ser un científico. Y Dios la tiene orando para que ese sueño se haga realidad en el futuro.

«Antes sucedía que si yo sentía que el Señor me revelaba algo para un miembro de la familia, enseguida aconsejaba con franqueza», dijo Virginia. «Además, le daba un texto bíblico para apoyarlo. Pero ahora empleo la mayor parte del tiempo adorando y alabando al Señor, y confío en que él me hable durante las horas de la noche acerca de las necesidades específicas de oración por mi familia».

Los nietos gemelos de Virginia que tienen veintisiete años, todavía le confían todas las cosas, sabiendo que ella lo mantiene de manera confidencial. Uno de ellos se casó hace poco, y el otro está esperando, seguro de que su abuela está orando para que Dios lo guíe a la esposa correcta. El biznieto de doce años que vive en el hogar donde ella está, corre hacia ella cuando quiere desahogarse. Él no quiere irse a la cama con actitudes equivocadas,

202   Abuela, necesito tus oraciones

así que le gusta tener una conversación con su bisabuela Virginia antes de apagar la luz.

¿Tiene ella algún consejo para las abuelas? «Todos estos jóvenes se están preparando para su futuro», dijo ella. «Oigan a los niños y pregúntenles qué les pasa en su interior, ese es el punto de comienzo. Luego oren por ellos según los guíe el Señor. La mayoría de la gente quiere tratar con el resultado de la desobediencia, en lugar de buscar las razones que están detrás de esto».

«Dios le dio el don de la sabiduría a mamá», me dijo su hijo Dave. «Todos en esta familia dependemos de sus oraciones y consejos fieles, desde mis hijos y sus hijos hasta los vástagos de mi hermana. Disfrutamos la bendición de tenerla orando por nosotros».

«Oraciones en espera»

A medida que hemos entrevistado a docenas de abuelas, nos maravillamos de las maneras creativas como Dios las guía a orar. El estilo de una persona para orar tal vez no agrade a otra, pero podemos aprender y motivarnos unas a otras. Por fortuna, no hay una fórmula de cómo debemos orar por nuestros nietos. ¡Solo es importante que lo hagamos!

Pat nos dijo que ella pronuncia muchas «oraciones en espera» por las decisiones futuras de sus nietos. Ella las ha escrito en pedazos de papel que corta en forma de un huevo y las coloca en su gran Biblia familiar. «Señor, incuba esto en tu tiempo», ora ella.

Esta idea la obtuvo luego de leer acerca de la autora Catherine Marshall que sembraba «oraciones en espera» para su hijo cuando todavía era pequeño. Ella no las «desenterraba» hasta que él estuviera bien entrado en la universidad, pero la señora Marshall estaba asombrada al reconocer que la respuesta de Dios había más que exce-

dido las oraciones que ella escribió tantos años antes.
Abuela Pat a diario usa la idea para orar por su docena
de nietos. Ella deja estas oraciones por sus futuros en las
manos de Dios hasta que siente que es el tiempo de ma-
durar y abrir la Biblia para ver cómo Dios las contestó.

Sarah nos dijo que ella ora por todos sus nietos cuando estos eligen sus amistades, cónyuges, escuelas, trabajos y ministerios, y que ellos con gozo han entrado en su
plan para sus vidas. «La Palabra de Dios promete que
"Como rodean las colinas a Jerusalén, así rodea el Señor
a su pueblo"» [Salmo 125:2], dijo ella. «Así que todos los
días oro para que cada uno de mis nietos esté rodeado
de ángeles que los protejan, un escudo de favor, canciones de liberación y su misericordia».

Julian, de diez años, escribió diciendo cuánto aprecia
las oraciones de su abuela. «Abuela me dice que ora por
mí todos los días de mi vida e incluso antes de yo nacer.
Me alegra saber que esté siempre orando por mí, aunque
no siempre sepa lo que estoy haciendo. Una vez que regresaba de un viaje de California sintiéndome mal, ella
se sentó a mi lado y me habló, y luego oramos. Me fue posible entender lo que me había pasado en el viaje y por
qué me sentí mal. Creo que entiendo mejor a Dios porque ella me explica las cosas.

»Abuela oró por su hijo, mi papá, cuando él solo tenía
dos años de edad para que consiguiera la esposa ideal.
Ahora tengo una mamá maravillosa, amorosa y cariñosa. Abuela dice que oró para que yo también tenga la esposa ideal, me pregunto cómo será. Espero poder orar
por mis hijos de la misma forma que abuela ora por nosotros, para mantener la oración durante generaciones».

Sucesos significativos

Cuando los nietos marcan hitos en sus vidas, tenemos la oportunidad de exhibir interés especial en las

cosas importantes para ellos. Cumpleaños, dedicación de bebés, bodas, graduaciones, aniversarios, bendiciones del hogar, todos estos son sucesos que la familia celebra junta estableciendo las tradiciones que continuarán en el futuro.

Carol y su esposo oran constantemente por su noveno nieto, pero se preocupan por hacer que el cumpleaños de cada uno sea algo especial. «En la celebración familiar, colocamos al niño que cumple año en el medio de un círculo formado por todos los miembros de la familia», dijo ella. «Le pedimos al Señor que deposite el valor que tiene para él en lo profundo de su corazón, de manera que siempre sepa de su aceptación y amor y camine en él. Mantenemos nuestras oraciones en tono moderado, pero muy específico, con muchos abrazos luego de terminar». Carol espera que cuando sus nietos crezcan, tengan recuerdos queridos de sus abuelos orando por ellos en sus cumpleaños y que esas oraciones continúen siguiéndolos.

Otro suceso significativo para los nietos es la apertura de la escuela. Yo (Quin) comencé una tradición de llevar a un nieto a la vez a una comida en un restaurante a principio del año preescolar. Allí hablamos del año por venir, haciéndolos sentir felices acerca de los nuevos amigos que conocerán, la nueva maestra que van a conocer y todas las oportunidades maravillosas que les espera. Siempre oro en voz alta antes de la comida y pido la bendición de Dios para este nieto. Entonces lo invito a él o ella a ofrecer una oración sencilla. Solo los bebés más nuevos en la familia no han podido participar en este evento.

Dedicación a Dios

En los tiempos de la Biblia, las familias celebraban fiestas, días santos y otras ocasiones especiales de maneras festivas. En mi (Quin) familia, dedicamos a nuestros nietos recién nacidos al Señor en uno de nuestros hogares con los otros abuelos, tías y tíos, y primos presentes. Papá LeRoy y yo oramos bendiciendo el futuro del bebé, su desarrollo espiritual y físico, por su provisión y paz, leyendo en voz alta pasajes bíblicos pertinentes. Entonces oran sus padres y otros familiares que también quieran hacerlo. Una vez terminado el servicio de dedicación, tenemos una fiesta, que encanta a los pequeños primos, que incluye refrescos, sesión de fotografías y los regalos para el bebé.

Esta tradición se originó cuando mi esposo y yo invitamos a mi abuelo, un anciano ministro ya retirado, a nuestro hogar en la Florida para orar por nuestros tres hijos cuando eran muy pequeños. En ese momento, no reconocí la importancia de pedirle su bendición para ellos. Pero como mi abuelo hizo la ceremonia de nuestra boda, yo quería que impusiera sus manos sobre nuestros hijos y pasara la bendición a ellos. Las fotografías de estas ocasiones son muy preciosas para mí.[3]

Las familias tienen tradiciones diferentes cuando se trata de la dedicación de los bebés. En nuestra (Ruthanne) familia, mi esposo tuvo el privilegio de dedicar al Señor a nuestra nieta mayor, Amanda, cuando era muy pequeñita. Cuando las otras dos nietas, Rachel y Lydia, estaban próximas a cumplir diez años, pidieron que el abuelo John las bautizara por inmersión. Cualquiera que sea la tradición que los padres de tus nietas decidan seguir, son magníficas oportunidades para involucrarse en sus vidas. Y las fotografías que se toman en estas ocasiones especiales son tesoros que tú y ellos apreciarán por el resto de la vida.

[3] Adaptación de Quin Sherrer y Ruthane Garlock, *How to Pray for Your Children* [Cómo orar por los hijos], Regal, Ventura, CA, 1998, p. 206.

Abuela Elizabeth no pudo estar presente en la dedicación de su nieta, así que escribió una carta para señalar el suceso. Ella nos la mostró.

Querida nieta:

Felicidades en el día de tu dedicación. Me habría gustado estar allí el día que diste tu paso inicial en la «búsqueda» de Dios. ¡O quizás sea más propio decir cuando decidiste prestarle atención a la búsqueda de Dios! Esto fue un día solemne y santo. Tú y tus seres queridos hicieron promesas. Es algo parecido al día de tu boda, excepto que es probable que sea más importante. La vida, según la define Dios, es por siempre. Si somos personas para siempre, eso hace toda la diferencia.

Tengo que regresar una y otra vez al hecho de que Dios estaba en Cristo, reconciliando al mundo consigo mismo. La crucifixión y resurrección de Jesús, el Mesías, es la esperanza de toda la humanidad, de todas las épocas y de todos los lugares.

Me encanta algo que dijo Jesús: «¿No se venden dos gorriones por una monedita? Sin embargo, ni uno de ellos caerá a tierra sin que lo permita el Padre; y él les tiene contados a ustedes aun los cabellos de la cabeza. Así que no tengan miedo; ustedes valen más que muchos gorriones» (Mateo 10:29-31). ¡Eso me gusta mucho! ¡Así que persevera mi amor, tú vales mucho más que muchos gorriones!

Cariños y abrazos y todas esas cosas,
Abuela Beth

Recibe respuesta a tus oraciones

LeeAnn y Gerald solo tienen una nieta, Kathryn, así que cuando sus padres se divorciaron siendo ella muy joven, fue una experiencia demoledora para los abuelos.

«Creo que la razón por la cual lloré tanto en ese momento fue porque estaba mirando el problema y no confiando en el que soluciona los problemas», dijo LeeAnn. «Nuestro hijo y nuera eran terriblemente jóvenes e inmaduros, y no se comunicaban bien, así que el matrimonio no sobrevivió. Nuestro hijo decidió salir de la vida de Kathryn, pero nosotros determinamos seguir conectados a ella a pesar de todos los obstáculos».

Los abuelos pudieron llevar a Kathryn a la iglesia mientras crecía, y comenzaron temprano a orar por ella parafraseando oraciones de la Biblia. La favorita de nosotros era: «El Señor cumplirá en mí su propósito. Tu gran amor, Señor, perdura para siempre; ¡no abandones la obra de tus manos!» (Salmo 138:8).

«Durante años estuvimos involucrados en reuniones semanales de oración donde podíamos escribir los nombres de nuestros seres queridos que necesitaban oración en una tablilla de anuncios y todos los participantes oraban por cada nombre», dijo LeeAnn. «Todas las semanas poníamos el nombre de Kathryn en la lista de oración, pidiéndole al Señor que velara por su vida y le diera un compañero ideal para ella. ¿Funcionó esto? En la actualidad nuestra nieta está felizmente casada y ella y su esposo trabajan con los jóvenes en una iglesia muy grande en California. Ella me escribe todos los días por el correo electrónico para mantenerse en contacto y contarme las bendiciones de Dios. ¡Sí, la oración funciona!»

Oración de bodas

Cuando Kathryn se casó, LeeAnn y Gerald tuvieron el gozo de asistir a su hermosa boda y Gerald la entregó y ayudó a oficiar el acto. Él escribió esta oración especial para la ocasión, la cual oró ante la pareja después que ellos hicieron los votos:

Padre, gracias por el maravilloso don del amor, porque no hay nada en toda la tierra con lo cual se compare. El amor es el motivo por el que tú unes a dos personas para resistir las penas y dificultades de la vida. Y debido al amor, los gozos y las cumbres de la vida son incomparablemente más dulces.

Gracias, Padre, por Matthew y Kathryn, y porque Cristo vive en ellos. Ellos están ante nosotros preparados para vivir de un modo que te honrarán y glorificarán. Gracias por enseñarles las verdades espirituales que los prepararon para este día y los días futuros. Gracias por cada una de las personas que han contribuido al sólido fundamento de sus vidas.

Te pedimos que a ambos les des sabiduría y discernimiento más allá de la comprensión humana. Permite que siempre sean lo suficientemente sabios para hacer esta pregunta: «Señor, ¿qué quieres que hagamos?» Otórgales una fe creciente, y permite que estén dispuestos a agrandar su fe. Haz que su matrimonio sea una hermosa afluencia de un amor proveniente de ti, para que otros vean a Cristo en ellos.

Te pido que los ayudes a entender que cada experiencia es siempre una oportunidad para descubrir algo nuevo acerca de ti, y también algo nuevo acerca del uno y el otro. A medida que Matthew y Kathryn crecen hacia ti, que de seguro también crezcan más cerca el uno del otro. Te pido que protejas su hogar y que te busquen como su Divino Protector y Proveedor. En tiempos de necesidades, haz que siempre te busquen y sigan tu dirección al ver que tú supliste cada necesidad.

También nosotros, los testigos de sus votos, pedimos que las bendiciones celestiales reposen sobre Matthew y Kathryn, ahora y durante todos los días venideros. Padre, siempre mantén ante ellos la sencilla verdad de que tú los has unido para honrarte. Oramos en el nombre de Jesús. Amén.

Busca oportunidades para establecer tradiciones en tu familia que marquen los hitos de una manera que tus nietos siempre recuerden. Hazles saber que te interesa su futuro a medida que los animas para que tomen decisiones sabias y los ayudes a celebrar los puntos decisivos en sus vidas.

Oración

Padre, te doy gracias porque amas a mis nietos mucho más que yo. Por favor, llama a cada uno de ellos para ti. Te pido que todos ellos escojan ponerte en primer lugar en sus vidas y crezcan para ser hombres y mujeres que te pertenezcan. Guíalos para que no caigan en la tentación, y líbralos del mal. Mantenlos seguros del maligno. Revélales tus propósitos para sus vidas, que vivan a todo su potencial. No permitas que los engañen, sino muéstrales cómo vivir de manera que encuentren favor contigo y los hombres.

Padre, te pido que les prepares compañeros fieles para cada uno de los nietos y también prepáralos para que ellos sean compañeros fieles. Te pido que tengan éxito en la escuela, en el trabajo y en cada aspecto de sus vidas, que te honren en todo lo que hacen. Te ruego que me enseñes maneras específicas para expresarles amor a cada uno de ellos. Amén.

Pasajes bíblicos de ayuda

No he dejado de dar gracias por ustedes al recordarlos en mis oraciones. Pido que el Dios de nuestro Señor Jesucristo, el Padre glorioso, les dé el Espíritu de sabiduría y de revelación, para que lo conozcan mejor. Pido también que les sean iluminados los ojos del corazón para que sepan a qué esperanza él los ha llamado, cuál es la riqueza de su gloriosa herencia entre los santos.   *Efesios 1:16-18*

Por lo tanto, ustedes ya no son extraños ni extranjeros, sino conciudadanos de los santos y miembros de la familia de Dios, edificados sobre el fundamento de los apóstoles y los profetas, siendo Cristo Jesús mismo la piedra angular.   *Efesios 2:19-20*

Así que tengan cuidado de su manera de vivir. No vivan como necios sino como sabios.
                                    Efesios 5:15

«Las cosas pasadas se han cumplido, y ahora anuncio cosas nuevas; ¡las anuncio antes que sucedan!»
                                    Isaías 42:9

Oración de las Escrituras

Señor, te pido que [nombre] no se inquiete por nada; más bien que, en toda ocasión, con oración y ruego presente sus peticiones a Dios y te dé gracias. Y la paz de Dios, que sobrepasa todo entendimiento, cuidará los corazones y pensamientos de [nombre] en Cristo Jesús [Filipenses 4:6-7].

Citas bíblicas relacionadas al tema

Deuteronomio 30:19-20; Josué 24:15; 1 Samuel 1:27-28; Salmo 25:12-14; Isaías 30:21; 2 Corintios 6:14-18; 2 Timoteo 3:14-15.

11

Asume el papel de padre

Pero algo más me viene a la memoria, lo cual me llena de esperanza: El gran amor del Señor nunca se acaba, y su compasión jamás se agota. Cada mañana se renuevan sus bondades; ¡muy grande es su fidelidad!

Lamentaciones 3:21-23.

Uno de los aspectos más difíciles como abuelos de hijos de divorciados es el factor energía. Los hijos se diseñaron para padres más jóvenes, y a la edad que la mayoría de las personas se convierten en abuelos, nuestro temperamento ya no tiene la capacidad para criar niños y resolver los problemas que acarrean los padres. Debemos depender de Dios si queremos ser capaces de desempeñar la tarea.

Jay Kesler, *Grandparenting: The Agony and the Ecstasy.*

En nuestra sociedad, mucho más que nunca antes, los abuelos se ven tomando el papel de padres. El número de niños que viven con los abuelos aumentó de dos millones en 1970 a casi cuatro en el año 2000, de acuerdo al Buró del Censo de los Estados Unidos.[1]

---

[1] Renate Robey, *Grandparent-Parents Find Help* [Abuelos-padres encuentran ayuda], Denver Post, 18 de Julio de 1999, p. 2b.

Divorcio, muerte, encarcelamiento, alcoholismo, adicción a las drogas, abuso, abandono y traumas de todo tipo pueden dejar a los niños sin padres responsables. Es entonces que con frecuencia los abuelos se sienten obligados a intervenir. En otros casos, los abuelos brindan un hogar para sus nietos por razones económicas. Pero un fuerte fundamento de oración y fe en Dios es esencial para cualquiera que esté tomando esta impresionante responsabilidad.

La oración es una línea de vida

«La oración es la línea de vida que me mantiene para pasar este viaje, tipo montaña rusa, de las abuelas», nos dijo Joy. Ella es una abuela cuya hija de diecinueve años, Melissa, tuvo un bebé fuera del matrimonio a fines de su segundo año en la universidad. Luego decidió casarse con el padre de la criatura.

«Al principio tuve que enfrentar el impacto del embarazo, pero cuando nació Carrie, me encanté con ella», dijo Joy. «Sin embargo, Melissa se divorció de Scott en menos de un año porque era abusivo y propenso a incontrolables episodios de ira. Encontró una vivienda subvencionada a través de un programa para mujeres maltratadas, y desde el divorcio, he sido el padre de Carrie. Este papel fue inesperado, confuso, desafiante, divertido y difícil, todo al mismo tiempo. Y me mantiene orando. También es agotador, porque trabajo todo el tiempo en una actividad que me demanda mucho».

De muchas maneras Joy sintió que todavía estaba criando a Melissa, así que cuidar ahora de Carrie fue como tener otra hija. A menudo se preocupaba por la seguridad de la niña cuando Scott se la llevaba de visita, cumpliendo así la orden del tribunal para visitas de fines de semana. Fue un tiempo conflictivo, a medida que Joy trataba de evitar decirle a su hija qué hacer, y sin embargo, ser de apoyo y ayuda con la bebé mientras que Melissa se esforzaba para terminar la universidad.

«En la época de mi vida cuando quería descansar de la crianza de los hijos, todavía tenía que seguir tratando con niñas», dijo ella. «Sin embargo, me encanta ser capaz de enseñar y ayudar de nuevo a criar una pequeñita, y trato de darle a Carrie tanto como es posible cuando estoy con ella. Continuamente recuerdo que la vida viene de Dios, y quiero cuidar este don de gozo y deleite que él nos ha dado».

Joy nos cuenta algunas de las cosas que ayudaron en su papel de padres colaboradores.

- Apoyo de los compañeros de oración, personas que sinceramente oran por Melissa, Carrie y por mí y que me oyen cuando necesito hablar de mis frustraciones.
- Tomar tiempo para estar con el Señor, tiempo para orar y para oírlo.
- Detenerme para tomar té cuando necesito un tiempo de tranquilidad para reflexionar.
- Entregar al Señor a Melissa y Carrie, no retener toda la carga. No sería capaz de «llevarlas» físicamente o estaría totalmente exhausta. Tengo que confiar en la fortaleza del Señor momento a momento.
- Relajarme y flotar en su plan, aprendiendo a confiar en él hasta cuando no puedo entender qué está sucediendo.

«Me la paso toda la vida orando constantemente por la vida de esta nieta, incluso antes de que naciera», dijo Joy. «Cuando solo tenía dos días de nacida, la cargué y le pedí a Dios que la bendijera y protegiera. Durante tres años ella luchó con síntomas de un tipo de asma, pero el

Señor me hizo sentir la necesidad de orar todas las mañanas una oración de sanidad por ella, mientras me prepa-
raba para ese día. La niña mejoró significativamente desde que las oraciones fueron constantes, y ahora la estoy
enseñando a orar conmigo sobre la sanidad, usando pasajes bíblicos [Salmo 103; Mateo 8:17; 1 Pedro 2:24]. Uso
el Salmo 91 para orar por su protección y declaro que la
Palabra es viva [Hebreos 4:12], trayendo salud a su cuerpo. Hablo esta Palabra sobre ella como si le estuviera
dando medicina.

»Cuando todavía era una bebé, me hice el hábito de
cantarle canciones acerca de la sangre de Jesús, y ahora
ella se las sabe todas. El otro día miré por el espejo retro-
visor del auto mientras conducía y vi a Carrie en el asien-
to de atrás del carro con sus manos levantadas y los ojos
muy cerrados, cantando "Hay una fuente sin igual", a
todo pulmón».

Escape de un esposo abusivo

Maelynn, cuya hija se escapó de un esposo abusivo después de vivir con él durante diez años, tuvo que ajustarse a tener de nuevo a una pequeña. La hija, emocionalmente destruida, llegó solo con la ropa que tenía puesta,
la bebé envuelta en frazadas y casi nada más.

«Ser padres a nuestra edad no es exactamente fácil»,
escribió ella. «Mi esposo y yo ya andábamos por los sesenta, un tiempo en el que esperábamos salir a viajar.
Pero de repente nos vimos otra vez criando a una bebé.
Cuando nuestra hija estaba lo suficientemente curada de
su trauma, encontró un trabajo, pero no ganaba tanto
como para mudarse sola. Su esposo no le daba dinero
para la niña. Todo su dinero parecía irse a la guardería o
para pagar los honorarios de los abogados y los gastos
legales para mantener la niña bajo su custodia. Cuatro

años más tarde todavía sigue viviendo en nuestra casa y está ahora entre trabajos.

»Hemos aprendido nuevos niveles de oración, orando continuamente por la protección de nuestra nieta, que su papá no la secuestre cuando la viene a ver. Oramos por su salud, su ajuste emocional y las maestras de la guardería. Celebramos un servicio de dedicación de la bebé, con sus tías y tíos parados con su mamá y nosotros prometiéndole a Dios que todos ayudaríamos a criar esta niña en los caminos del Señor. Ahora que ya tiene cuatro años es notablemente brillante y tiene una madurez espiritual que va más allá de su edad.

»Desde luego que queremos a nuestra hija y nieta e iríamos a donde fuera necesario para ayudarlas. Pero entonces, nos vemos sacrificando actividades ordinarias de la vida, como no invitar a nuestras amistades para una comida tarde porque el ruido despertaría a la bebé. La alfombra del comedor y las sillas están manchadas de la comida que ella bota. El cuarto de estar se convirtió en su área para jugar, y mi esposo dio su estudio para que la bebé pudiera tener su habitación.

»Es probable que estos sacrificios no sean mucho, pero la privacidad que hemos perdido es algo que no anticipábamos. Tampoco la tensión debido a una pequeñita que nos despierta a las seis de la mañana, llorando a media noche, o queriendo que le leamos una historia más o que juguemos más cuando ya ambos estamos agotados. La vida ha cambiado. Por ella hemos hecho todo lo que hicimos por nuestros hijos, desde cambiar pañales, hasta ayudarla a aprender a caminar y enseñarla a montar un triciclo. La hemos ayudado a cuidar durante los problemas de salud habituales en un bebé, y la hemos llevado a viajes cortos cuando nos podemos escapar durante un par de días (aunque a ella no le gusta mucho viajar en automóvil).

»Nos vemos no solo sirviendo de padres de esta preciosa nieta, sino también tratando de buscar ayuda para curar emocionalmente a nuestra hija después de vivir con alguien que la controló en cada uno de sus movimientos. Cuando su ex esposo viene a ver a su hija, ella experimenta otro atraso en su montaña rusa emocional. Ella es cristiana, pero a veces pierde esperanzas de alguna vez poder vivir por su cuenta. Hemos decidido dejarla que se quede con nosotros tanto tiempo como sea necesario, para ayudarla y para brindar una atmósfera cristiana a nuestra nieta. No creo que Jesús botaría a alguien a la calle cuando hay una habitación en la casa y un corazón para un ser querido.

»Mi esposo, mi hija y yo no resistiríamos pasar estos casi cinco años si no fuera por nuestros compañeros de oración que nos apoyan. Cada vez que hay una crisis, voy al teléfono y llamo a varias amigas que de inmediato oran por nosotros durante esa situación. Dios es siempre fiel contestando nuestras oraciones».

La situación de cada padre auxiliar es diferente, no obstante, muchos tienen algunas de estas mismas necesidades:

- La necesidad de perdonar a quienes han herido a su ser querido.
- La necesidad de olvidar el pasado y seguir adelante con fe en que Dios te acompañará.
- La necesidad de orar por las finanzas para lo más básico de la vida.
- La necesidad de creer que un día esto pasará y tú serás más fuerte, más compasiva y estarás mejor preparada para ayudar a otros a pasar lo que tú has pasado con la ayuda de tu Dios Todopoderoso.

Cómo criar a los hijos de tus hijos

Las abuelas que están criando a sus nietos en una época cuando normalmente estarían pensando en retirarse, se están reuniendo en grupos de apoyo a través de la nación, en los sótanos de las iglesias, centros cívicos y hogares. Una mujer dice que su grupo la ayuda a cargar las baterías y le ofrece ánimo.

Las reuniones también brindan un tiempo para comentar acerca de los trámites y los dolores de cabeza legales por motivo del cuidado de los nietos, tanto como una manera de intercambiar ideas y recursos. Una abuela admitió que ella comenzó a funcionar como madre a tiempo completo después que su hija se hizo adicta a la cocaína y no era responsable como madre. Al principio estaba avergonzada al admitir la razón por la cual estaba criando a su nieto, pero encontró aceptación y seguridad en su grupo de apoyo.

«Hay tantas de nosotras, y es tan difícil», dijo una de las miembros del grupo. «Somos todas unas viejas tratando de criar niñitos», dijo otra. «A la miseria le encanta estar acompañada, y reunirnos más o menos la normaliza».[2]

La mayoría de ellas dice con rapidez que quieren a sus nietos, pero desearían tener más resistencia, energía y recursos financieros. «No me pesa lo que estoy haciendo, porque sé dónde está mi nieto por las noches: Aquí mismo, conmigo», dijo una abuela.

Muchos de los padres de estos niños están en drogas o en la prisión o se registra alguna muerte en la familia que fuerza a los abuelos a inmiscuirse. Algunas abuelas en pequeños pueblos dicen que los grupos de apoyo no están a la disposición de ellas, así que han comenzado sus propios grupos.[3]

[2] *Ibid.*
[3] *Ibid.*

Dios es el único que puede ayudar a estas abuelas a atravesar estos años de crianza de otro pequeñito, ya sea que tengan un grupo de apoyo o no, como ilustra nuestra próxima historia.

Ella adoptó a su nieto

Violet se encontró cuidando a su nieto Jerome casi desde el momento en que nació, ya que sus padres trabajaban y vivían con ella y su esposo. Pero los padres de Jerome comenzaron a entrar y salir de la escena de las drogas, y por último, cuando solo tenía nueve meses de nacido, el matrimonio se disolvió. La madre del bebé lo tuvo durante solo tres semanas, y luego se lo dejó a Violet.

Cuando Jerome cumplió dos años, Violet y su esposo, Ernest, fueron al juez, junto con los padres que firmaron su consentimiento para adoptarlo legalmente. En ese momento, Violet tenía cuarenta y nueve años y Ernest cincuenta y cinco, no es una edad en que la gente considere comenzar una vida criando a una criaturita. Desde que pudo hablar, Jerome llamó a Violet «abuelita» aunque oficialmente ahora ella es la madre.

Como ellos vivían en el campo, Jerome tenía espacios muy abiertos para jugar. Seguía a su querido abuelo alrededor de la finca, aprendiendo de él muchas habilidades. Con sus abuelos asistía a la iglesia con regularidad, y diariamente celebraban reuniones familiares de oración. A medida que Jerome iba llegando a sus diez años, comenzó a escoger mal a los amigos haciéndose un poco rebelde, aunque se mantenía apartado de las drogas y la bebida.

Entonces, justo antes de que Jerome cumpliera los quince años, Ernest murió de un ataque al corazón. Esto motivó que el joven se rebelara aun más, y se fuera de la iglesia. Estaba bravo porque su abuelo había muerto, bravo con Dios por habérselo llevado y bravo con sus padres por haberlo abandonado. Peor aun, se rebeló contra la autoridad femenina, principalmente su abuela.

A veces le gritaba a Violet, y en un par de ocasiones hasta la empujó, aunque ella era solo la mitad de su estatura. «Te recuerdo, Señor, él es tu hijo; te lo dedicamos cuando era un bebé», oraba ella mientras le rogaba a Dios que la ayudara. «Yo no puedo con él, pero tú sí. Tienes que hacer algo, lo que sea necesario para que vuelva a ti».

Cuando Violet decidió vender su casa y relocalizarse en una ciudad que estaba a casi cien kilómetros de distancia, Jerome tercamente se negó a mudarse con ella. Por último, el Departamento de Servicios Humanos le dijo que si no se mudaba con su abuela, sería considerado como un fugitivo. Ellos lo recogerían y lo llevarían a un hogar, donde es probable que él no querría estar.

Sorprendido al saber que su abuela tenía estos recursos legales, Jerome suavizó su actitud. Le pidió a Violet, con toda gentileza, que considerara dejarlo para terminar su secundaria en la escuela pública alquilando un cuarto, donde además le dieran comida, con una familia de la localidad. Ella estuvo de acuerdo.

Una noche en que estaba sentado en el carro con su novia, tocando una música escandalosa, un compañero de clase le tocó en la puerta del carro para decirle que bajara el volumen. Cuando Jerome bajó la ventanilla para hablar con él, el joven le dio un puñetazo en la cara, le partió la nariz y le siguió pegando hasta que pudo bajarse del carro y defenderse.

Esto fue un despertar para Jerome. Supo que si él iba a la escuela al próximo día, este tipo comenzaría una pelea y a ambos los expulsarían. Llamó a Violet para preguntarle si se podía matricular en la academia cristiana en el pueblo donde estaba viviendo. Durante años ella oró rogando que él quisiera asistir a esta escuela, pero nunca antes él consideró esta posibilidad. Ahora, felizmente ella hasta ofreció pagarle la colegiatura.

Con el cambio de Jerome al colegio cristiano y al unirse al grupo de jóvenes de la iglesia, comenzó el viaje de regreso a la fe de sus abuelos. Al verano siguiente, fue a un campamento de jóvenes de otro estado, donde tuvo una experiencia espiritual que transformó por completo su vida y sus metas.

«De la noche a la mañana él volvió cambiado», dijo Violet. «Siempre le había interesado la música, pero después del campamento de verano, comenzó a dirigir la adoración en las reuniones de jóvenes. La asistencia aumentó de veintiuno a setenta en cuestión de semanas, y ahora está cerca a cien. No solo es ayudante del director de música, sino también del líder de los jóvenes».

Mientras se escribe esto, Jerome es un estudiante sobresaliente en todas sus asignaturas, es capitán del equipo de baloncesto y ha ganado muchos honores en la escuela, ya solo le faltan meses para graduarse. Su abuela ha sido fiel no solo para orar sino para apoyarlo en todos los programas de la escuela. Ella siempre le dice: «Nunca te abandonaré, ni tampoco Dios lo hará». Y Jerome sabe que es verdad.

«Muchas noches me las paso orando, preguntándole a Dios qué debo decirle cuando me pide que ore por una situación difícil», admitió ella. «Una vez, se vio obligado a cancelar su banda de jóvenes debido a las quejas de que esa música no estaba en los himnarios de la denominación. Oré con él respecto a este problema, y ambos dejamos la carga en las manos de Dios. Cuando la asistencia de los jóvenes bajó precipitadamente, los líderes de la iglesia le pidieron que volviera a organizar la banda».

Ahora nadie está más orgullosa de Jerome que su abuela. Ella lo ayudó a conseguir un auto usado y le pagó un dormitorio y comidas y también la escuela privada. Ahora con gran fe ella ora por los gastos futuros de la universidad ya que él quiere especializarse en música.

Violet tiene otros siete nietos y ninguno de ellos está resentido con Jerome. Lo ven como un modelo, ya que es el mayor de todos. Jerome ha tenido que enfrentar, el hecho de que no puede cambiar a sus padres. Su papá, el hijo de Violet, está encarcelado por falsificar una receta para drogas, pero por fin está volviendo a Dios.

Hace poco, cuando Jerome fue a visitar a su mamá, estaba tan drogada que fue una experiencia miserable. Llamó a su abuela Violet a las 3:30 de la mañana, sollozando conmovido. Volvió a la casa de su abuela y pasaron el resto de la noche hablando. Violet le leyó la Biblia mostrándole la necesidad de perdonar a su mamá. Lentamente él está tratando de pasar por este proceso, y ahora reconoce que lo único que puede hacer por sus padres biológicos es orar.

Violet aconseja a otros abuelos que oren constantemente por sus nietos. «Dios nunca abandonó al Rey David cuando este cometía errores, y tampoco nosotras podemos hacerlo», dijo ella. «Como viuda que soy, era difícil para mí controlar a Jerome, pero conozco el poder maravilloso del Dios a quien sirvo. Me costó tener paciencia, y no soy precisamente una persona paciente. Pero Dios nos ayudó a los dos a cambiar».

Jerome es un nieto feliz y bendecido. Quiere a su abuela Violet, sobre todo por los sacrificios que hizo por él.

Aprende a liberarlo

Florencia es una abuela que sufrió el dolor de convertirse en una madre sustituta de su nieta, solo para que luego se la quitaran y la dieran en adopción. No obstante, su relación con Dios se profundizó a través de la prueba.

«Aunque criamos a nuestros hijos de forma que conocieran y amaran al Señor, nuestra hija, Miriam, salió en estado cuando tenía quince años. Esperó el término completo para dar a luz y a menudo habló de darlo en adopción. Le dije que apoyaría su decisión pero le advertí que si traía el bebé a la casa, me encariñaría mucho con él para que luego me lo quitaran.

»Ella trajo a la casa una dulce y pequeñita niña de cinco libras que llamó Suzanne. Desde el momento que la vi, la quise irremediablemente. Miriam ya había dejado la escuela durante su embarazo, y como estaba amamantando a la bebé, no podía volver. Pero después de tres meses decidió que no quería ser una mamá. Un día se fue de la casa, dejando a la bebé.

»Al principio quedé impactada, pero de cierta forma también estaba aliviada. A veces Miriam había sido descuidada con la niña y se ponía brava cuando Suzanne la despertaba a media noche. Mi sueño era ligero y siempre oía a la bebé llorar. Me levantaba y llevaba a Suzanne hasta su mamá para que esta la alimentara, luego esperaba que acabara para devolver la niña a su cuna.

»Después que Miriam se fue, me hice la rutina de alimentar, jugar, caminar y dormir a Suzanne. La llevaba a todas partes y disfrutaba ver cómo iba aprendiendo casi todo, pájaros, hierba, flores, perros. Durante dos años nos reímos, cantamos y jugamos juntas. Ella me trajo un gozo que hacía tiempo necesitaba en mi vida, y desde luego, oraba por ella todos los días.

»Entonces Miriam tuvo un segundo hijo, un niño gordito y feliz, y volvió a mudarse a la casa. Volví a seguir la misma rutina anterior. Me despertaba cuando el niño lloraba por la noche y me levantaba para cuidar de sus necesidades. Y también me encariñé con él.

»Luego Miriam se casó con el padre de su hijo. Ella y los niños continuaron viviendo con nosotros, pero su esposo solo la visitaba en ocasiones. Cuando mi nieto tenía cuatro meses de edad, ellos decidieron mudarse a otro estado y llevarse a ambos niños. Como es lógico, quería que permanecieran juntos, pero fue una tortura verlos salir con los niños. Cuando se fueron, me pasé todo el día llorando y pidiéndole a Dios que los mantuviera a salvo.

»Aunque tratamos de llamarlos por teléfono con regularidad, se fue haciendo cada vez más difícil localizarlos en la casa. Hasta que un día nos dieron la horrible noticia. Nuestro hijo llamó para decirnos que Miriam había dado a los niños en adopción tan pronto que llegaron a su nuevo hogar.

»Cuando oí esto, comencé a llorar, corrí al baño y vomité. Sentí como si me arrancaran una parte de mí. Me dolía el corazón. Me dolía el cuerpo. ¿Cómo pudo dar los bebés que yo tanto amaba? ¿Por qué no los dejó con nosotros? Ellos eran nuestros ... eran míos. Los lloré como si estuvieran muertos.

»Mi esposo se puso en acción. Llamó a un abogado que nos aconsejó buscar a otro del estado adonde ellos se habían mudado. Tomó días para comunicarnos con varias agencias, ir mediante un grupo para buscar niños y gastar muchísimo dinero. Supimos que, legalmente, era probable que no tuviéramos oportunidad alguna de recuperarlos, pero quisimos seguir probando.

»Un día, en que derramaba mi corazón ante Dios rogándole que nos devolviera a los niños, me hizo entender con claridad que no le había preguntado qué quería él para ellos. Entonces oré: "Señor, haz que mi voluntad sea la tuya"». Sentí que una gran paz se apoderó de mí, y supe que él quería que dejáramos ir a los niños. No lo entendía, pero lo acepté. Había sentido mucho odio hacia Miriam, pero ahora esos sentimientos comenzaron a desvanecerse y convertirse en pena por ella. Parecía que ella lo había dado todo, incluso sus hijos, padres y hermanos. Pero ahora, por primera vez, una esperanza comenzó a crecer en mi corazón. De alguna forma sabía que los niños estaban al cuidado de Dios.

»Entonces el Señor me guió a llamar a nuestra hija y decirle que la amaba incondicionalmente. La compasión reemplazó mi odio y pena por ella. Cuando Miriam me pidió que la perdonara, y le dije que ya lo había hecho, las dos nos despojamos de una gran carga.

»Ella me explicó que había dado a los niños porque quería que tuvieran una mamá y un papá que pudieran satisfacer sus necesidades, emocionales, físicas y espirituales. Si mi esposo y yo criábamos sus hijos, siempre se iba a sentir culpable, quizás hasta resentida con nosotros por darle la prioridad en lugar de dársela a ella.

»Todavía extraño a mis nietos. Lloro, suspiro por abrazarlos, y anhelo oír sus dulces voces, especialmente durante sus cumpleaños y en las navidades. Al caminar por las tiendas y ver las ropas y juguetes de los niños, se me salen las lágrimas. Pero Dios me ha enseñado a poner las necesidades de los demás por encima de las mías en una forma tan profunda que cambié luego de pasar esta pérdida. Sé que los niños están en un hogar cristiano, y ellos son una respuesta a la oración de una pareja que confió en Dios durante diez años para adoptar a un niño. Ahora tienen dos.

»Los padres adoptivos nos envían fotografías y cartas de nuestros nietos. A cambio, les enviamos fotografías, cartas y regalos. He aprendido a vivir en un lugar de confianza en el Padre celestial que nunca antes conocí. Él es capaz de convertir la tristeza en felicidad y cambiar mi dolor en gozo.

»Muchas amistades me han dicho que nunca se darían por vencidos tratando de recuperar a sus nietos. Normalmente estaría de acuerdo con ellos. Pero ahora sé lo maravilloso que es caminar en la paz que viene al ceder ante el Dios todo sabiduría. Él está restaurando mi relación con mi hija de forma amorosa. A medida que aprendemos a confiar la una en la otra, la veo cada día más, a través de los ojos de Dios».

Un abuelo agradecido por el piadoso ejemplo

Los abuelos que ahora se ven cuidando a sus nietos todo el tiempo, tal vez se sientan sobreabrumados por la tarea. Pero si poseen la bendición de tener recuerdos felices de cuando eran niños y pasaban tiempo en la casa de sus abuelos, entonces pueden poner en práctica las cosas sanas que experimentaron allí.

Abuelo George, que ahora está criando a su nieta de catorce años de edad, cree que el ejemplo dado por sus abuelos cuando él era joven, aumentó su habilidad para compartir los valores familiares con su nieta.

«Si no fuera por mis queridos abuelos, es probable que hoy no tendría una influencia tan positiva en la vida de ella», dijo George. «Ellos eran sencillos, gente de campo que pasaron toda su vida en una finca, sin una educación formal ni un entrenamiento para saber cómo criar niños. Sin embargo, su amor y afecto contribuyó mucho para crear lo mejor de mí. Ellos tienen una habilidad natural para mostrar amor a todos sus nietos. Ruego que esa herencia que vino a través de mí, pase a mis nietos y a las futuras generaciones».[4]

Recuerdos de Nana

Betty, una mujer de mucho éxito en los negocios, le rinde tributo a su abuela, quien se convirtió en una madre

---

[4] Adaptado de Quin Sherrer, *Listen, God Is Speaking to You* [Escucha, Dios te está hablando], publicado por Servant Publications, P.O. Box 8617, Ann Arbor, MI 48107, pp. 66-68. Usado con permiso.

sustituta para ella. Después que sus padres se divorciaron, cuando ella tenía diez años, Betty y su hermano menor fueron a vivir con Nana.

«Desde el momento que comenzamos a vivir con ella hasta que los dos nos graduamos de la universidad, Nana nos brindó un hogar amoroso y nos enseñó de qué manera pensaba que debíamos seguir adelante,» dijo Betty. «Una gran parte de esa enseñanza fue nuestro desarrollo espiritual. No había dudas en nuestro hogar respecto a dónde debíamos ir los domingos por la mañana. La Escuela Dominical y la iglesia eran la orden del día. Su reglamento era que si no nos sentíamos bien como para ir a la iglesia en la mañana, tampoco había ninguna otra cosa durante el resto del día».

Mediante el ejemplo de Nana, Betty y su hermano aprendieron la importancia de vivir su fe todos los días, no solo en la iglesia, donde Nana servía en varias capacidades. Nana creía en ayudar a los demás, y Betty llevó muchas comidas a los vecinos. Aunque disponía de escasos recursos, Nana siempre estaba ansiosa por compartir lo que tenía con los necesitados.

«Todas las mañanas ella corría las cortinas de la cocina para darle la bienvenida al día», contó Betty.

«Siempre la oía decir: "Padre, levanto mis manos hacia ti; no conozco otra ayuda. Si tú me desamparas, Señor, ¿hacia dónde iré?"»

Muy temprano en la vida, Nana aprendió a depender de Dios para todas las cosas. Su abuela la crió después que su mamá murió siendo aún muy joven. Nana se casó a los catorce años de edad y dos veces se quedó viuda antes de tener los cuarenta años. Como tenía que cuidar a sus seis hijos, trabajó de sirvienta.

«Se las arregló, con escasos recursos, para ofrecer un hogar y una crianza buena y sólida para sus hijos», dijo Betty. «Pero además, ayudó a criarnos a nosotros, los nietos. Ella fue una inspiración para mí mientras seguía en mis estudios y era una contribuyente clave para mi éxito académico y para obtener mi beca en la universidad. Le doy gracias a Dios por ella y por su influencia en la persona que hoy soy. Nana sigue viviendo en mí y en mis hijos a medida que yo trato de pasar a mis hijos el amor de Dios, el amor de las personas y las muchas perlas de sabiduría que ella me dio».

Como hemos visto en este capítulo, cuando los abuelos toman el papel de padres o padres auxiliares, se presenta una gran cantidad de desafíos, pero también muchos dividendos. Tal vez pasen años antes que el niño que los abuelos ayudaron a criar, aprecie los esfuerzos de esos abuelos fieles y de oración. Pero Dios sabe. Él ve. Él ayuda. Y él premia.

Uno de estos premios, abuela, es para reconocer que tú estás dejando un legado perdurable para tu nieto, como Nana lo dejó a Betty.

Oración

Señor, te pido que proveas todo lo que necesitaré para criar a mis nietos en un tiempo tan crítico en sus vidas. Te ruego que me des fortaleza, paciencia, sabiduría, finanzas y un buen sentido del humor. Enséñame cómo disciplinarlos de manera justa y equitativa. Pero más que nada, déjame expresarles un amor incondicional, para que por medio mío, ellos conozcan tu amor. Acompaña a sus padres, que tal vez se sientan culpables porque ahora soy quien los cuida mayormente. Muéstrales cuándo y cómo responder a estos niños que los extrañan. Gracias por cuidar tanto a las familias. Quiero hacer mi parte para mantener unidos a los nuestros. Ayúdame, Señor, a lograr esto. Te doy las gracias adelantadas por prepararme y capacitarme para realizar este nuevo papel. Amén.

Pasaje bíblico de ayuda

El Señor afirma los pasos del hombre
cuando le agrada su modo de vivir;
podrá tropezar, pero no caerá,
porque el Señor lo sostiene de la mano.
He sido joven y ahora soy viejo,
pero nunca he visto justos en la miseria,
ni que sus hijos mendiguen pan.
Prestan siempre con generosidad;
sus hijos son una bendición.
Salmo 37:23-26

Que su conversación sea siempre amena y de buen gusto. Así sabrán cómo responder a cada uno.
Colosenses 4:6

Dedíquense a la oración: perseveren en ella con agradecimiento.
Colosenses 4:2

Oración de las Escrituras

Señor, te ruego que me ayudes a dedicarme a mi nieto [nombre] con amor fraternal, y respetarle y honrarle. Ayúdame a ser diligente y servirte con el fervor que da el Espíritu. Ayúdame a estar alegre en la esperanza, a mostrar paciencia en el sufrimiento, y perseverar en la oración [Romanos 12:10-12]

Citas bíblicas relacionadas al tema

Salmos 10:12-14; 27:13-14; 68:5-6; 1 Corintios 15:58; Filipenses 4:12-13; Santiago 1:27.

12

Deja una herencia perdurable

Tú, oh Dios, me enseñaste desde mi juventud, y aún hoy anuncio todos tus prodigios. Aun cuando sea yo anciano y peine canas, no me abandones, oh Dios, hasta que anuncie tu poder a la generación venidera, y dé a conocer tus proezas a los que aún no han nacido.

Salmo 71:17-18

¿Te has dado a ti y a tu familia un sentido de valor en la gran marcha de la eternidad? ¿Un sentido de valor y bienestar de que no hay otra familia en todo el mundo exactamente como la tuya? ¿Le has advertido de su único lugar y tiempo en la historia?

JoAn Summers, *Keepers of the Treasure*
[Guardadores del tesoro]

Con frecuencia los abuelos llenan el importante papel de brindar estabilidad y apoyo moral a las familias. Dejan una herencia, un legado de algo valioso adquirido en el pasado. Como cristianos, lo que esperamos dejar es un legado espiritual.

Hace unos diez años, una noche de febrero, yo (Quin) vi un ejemplo gráfico de esto al asistir a un servicio en memoria del autor cristiano y pastor Jamie Buckingham, que fue mi amigo y mentor. Estaba Jackie, su viuda, parada al frente rodeada de sus cinco hijos y trece nietos, cuando uno de los pastores hizo un anuncio sorpresivo».

«Estamos aquí para conmemorar la vida de un amigo, padre y pastor especial», dijo él. «Pero también hoy es el momento de pasar el legado de la familia a la próxima generación. Moisés está muerto, Josué heredará la tierra prometida».

Entonces el hijo de Jamie, Tim, sostuvo a su hijo recién nacido Joshua Buckingham, mientras que el pastor nos guiaba en oración para dedicar al Señor al nieto más reciente. Mis ojos enfocaron a Jackie, que estaba parada al lado de Tim, sonriendo y dándole palmaditas al bebé. Sé que ella estaba agregando sus oraciones a las del pastor y demás miembros de la familia que la rodeaban.

Unos días antes, en privado, la familia había enterrado a Jamie; este servicio era para que los amigos celebraran la llegada al hogar celestial. Desde el mundo entero habían llegado líderes cristianos a Melbourne, Florida, para honrar a uno de los escritores cristianos más prolíficos. Luego que algunos de ellos dieron breves elogios, tuvimos otra sorpresa. En voz alta se leyó a la congregación la última voluntad y testamento de Jamie, recontando la herencia cristiana que sus padres le pasaron, seguido de una historia de sus propias experiencias con el Señor. Terminó con un desafío para que todos sus contemporáneos continuaran pasando su herencia espiritual de generación a generación.

Oí, cautivada, tratando de imaginar cómo sus hijos y nietos se sentirían al escuchar estas palabras mientras que ellos se estaban despidiendo del patriarca de la familia. El mensaje de Jamie les aseguraba que ya él estaba en la gloria con su Señor, y como ellos también habían decidido seguir a Jesús, algún día lo verían de nuevo.

Modelos de oración

Jamie y Jackie eran devotos abuelos de oración. Una vez los cinco hijos vivieron en una propiedad con muchos árboles que rodeaban «la casa grande» o Hebrón, nombre bíblico de una ciudad de refugio. Se oía el eco de las risas y conversaciones ruidosas de la familia mientras que los primos nadaban en la piscina y entraban y salían para ver a los abuelos. En la actualidad solo tres de los hijos con sus familias residen allí, pero sigue siendo un lugar con vida. Ahora Jackie tiene la responsabilidad de orar fielmente por sus catorce nietos.

«Ruego por su protección y le pido a Dios que prepare el camino para que su reino venga a cada uno de ellos», dice ella. «Le pido que quite los obstáculos que les impida encontrar lo mejor de Dios y hacerlo. En especial, oro para que sus padres tomen decisiones sabias en la crianza de estos niños. Todos los días oro diferente, pero los cubro a todos en mis oraciones diarias».

Como lo ilustra el modelo de Jackie, es necesario cambiar nuestras estrategias de oración según cambian las necesidades de nuestros nietos. Por ejemplo, una hija se mudó hace poco para otro estado luego que su esposo consiguió una transferencia en su trabajo, así que Jackie ahora ora a «larga distancia» por esos cuatro nietos.

Creación de un legado

Las abuelas, como Loida en la Biblia (2 Timoteo 1:5), sirven de modelos espirituales a sus nietos a medida que diariamente ellas demuestran la realidad de andar con Dios tanto en los momentos buenos como en los difíciles. Ya sea que estemos o no conscientes, estamos continuamente en el proceso de crear un legado que pasará a nuestros nietos y a la generación siguiente.

Nell nos contó sus recuerdos de la niñez cuando iba de visita a la casa de su abuela y aprendía la importancia de la oración.

«Cuando me quedaba a dormir en su casa, la primera cosa que hacíamos al levantarnos por la mañana, era orar», dice ella. «Y orar era lo último que hacíamos por la noche, igual que en cada comida. Mi abuela es la única persona que he conocido con verdaderos callos en las rodillas a causa de la oración. Para ella, eso era tan natural como la respiración. Con frecuencia me llevaba con mis primos a dar unas largas caminatas entre los árboles para visitar un pequeño riachuelo a donde íbamos a mojarnos los pies, y ella nos enseñó cómo hacer sombreros y barcos usando hojas y ramitas. Nunca olvidaré lo especial que era arrodillarse al lado del riachuelo sintiendo la brisa en la cara, mientras ella nos enseñaba cómo orar. ¡Qué herencia tan maravillosa!»

Hoy, Nell está pasando la herencia a su hijo y nietos, igual que a sus muchos estudiantes a quienes ha influido durante años de enseñanza. Ahora dirige el departamento de Educación Cristiana de una universidad grande, en donde prepara a maestros futuros, enseñándoles a sentir un aprecio por el valor de la oración.

Barbara, abuela de cinco nietos, dice que oró más por los nietos que por los hijos, porque ahora entiende mejor el poder de la oración. Pero también ora por las naciones alrededor del mundo. Durante los quince años pasados ha viajado por seis continentes en misiones de oración. Ella acredita a su abuela materna, a quien llamaba Nana, por la influencia espiritual dominante durante sus años de crecimiento.

Ya que su mamá continuamente entraba y salía de hospitales siquiátricos, Bárbara y su única hermana pasaron nueve veranos con Nana en Oklahoma. Este era el lugar favorito de ellas, la veía como «mi casa», aunque era una casa de campo de cuatro dormitorios pequeños, sin agua corriente, ni electricidad, ni baños interiores. A pesar de que Nana era pobre, sus nietos no lo sabían. Ella le enseñó a su nieta cómo cultivar un jardín, a medida que cuidaba sus propias frutas y vegetales y repartía algunas entre los vecinos. Los veranos que Barbara pasaba con Nana le enseñaron los principios de cultivar, sembrar, sacar yerba mala y cosechar. Buenas lecciones para aprender, tanto física como espiritualmente.

Nana les enseñó a sus nietas el temor al Señor y que la iglesia era un lugar para reverenciar a Dios. Todas las mañanas asistía al culto, y eso significaba que también Bárbara y su hermana asistían. Era normal comenzar el día hablando con Dios.

«Como no tenía una madre que me amara y consolara, Nana fue mi excelente sustituta», dice Barbara. «Siempre podía contar con ella. Abuela Nana tenía una alfombra al lado de su cama donde se arrodillaba para orar todas las mañanas y por la noche. La oía y me maravillaba con sus oraciones. Estoy segura que mi familia nunca supo, en esta vida, el efecto completo que esto ocasionaba en ellos».

Bendición para la generación más joven

Ahora Barbara pasa su legado a los nietos. Una vez estaba de visita en casa de su hijo, cuando su nieto mayor, Stephen, vino a la cocina donde ella estaba y le dio un fuerte abrazo. Mientras se alejaba, ella de repente le dijo: «Stephen, ¿puedo orar por ti? Creo que Dios quiere que tu abuela te bendiga».

«Seguro, abuela», respondió él.

Barbara oró, pidiendo que el propósito divino y la bendición de Dios se cumpliera en su vida y oró acerca de la universidad a la cual planeaba asistir el próximo año.

«Cuando comencé a orar por la elección de una compañera en la vida, y a darle gracias a Dios porque ya él se la había elegido, oí que Stephen se reía en voz baja», dice ella. «Pero seguí orando. Luego mi esposo se unió a mí y pronunció la bendición del abuelo para su vida».

Algún tiempo después, Stephen escribió esto acerca de su abuela: «Siempre tuve el consuelo de saber que abuela me estaba cubriendo con oraciones, y que Dios velaba por mi vida», dice él. «Siento que Dios siempre ha estado conmigo y me protege, y gran parte de esto se lo debo a mi abuela. He podido mantenerme fuera de problemas en este horrible mundo gracias a sus oraciones y la intervención del Señor en mi vida. Todos los días le doy gracias a Dios por ella».

Muchos abuelos, expresiones diferentes

Amy creció con siete abuelos que la influyeron de varias formas en su vida. El hecho de que todos fueran grandes cristianos con diferentes expresiones de fe la ayudaron inmensamente. «Pensé que todos tienen la oportunidad de aprender de varios abuelos», dice ella. Pero al hablar con mis amigos, aprendí que ellos no tuvieron tantos como yo, ni que todos ellos tuvieron abuelos cristianos. Entonces comencé a apreciar mis bendiciones».

Tres abuelas en particular tuvieron un impacto espiritual importante sobre Amy, una de las cuales fue su bisabuela, Dale Evans Rogers. Amy la llama «Gigi».

«Siempre me sentía segura al abrir mi corazón con abuela Gigi, y ella nunca me criticó», dice Amy. «Me aconsejaba si así se lo pedía, pero nunca fue negativa. Ella había vivido dos vidas diferentes, una de no creyente y otra después cuando su hijo Tom los llevó al Señor y ella se convirtió en esta maravillosa cristiana que es. Su entrega al Señor era increíble. Era tan sabia, y tan llena de gozo, que la tenía en muy alta estima. Integridad es la palabra en que pienso cuando la recuerdo. Nunca pasó un día sin orar por sus hijos, nietos y biznietos, nombrándolos a cada uno».

Una vez, en que Amy tomó una decisión difícil que traería por consecuencia terminar con una amistad, abuela Gigi fue su mayor apoyo. «Cuando te parezca que lo has perdido todo, recuerda que no es así», le dijo. «Que no era lo mejor del Señor para ti. Apoyo tu decisión y estoy orgullosa de ti».

De su abuela Petersen, Amy aprendió la importancia de la constancia y cómo recompensa la disciplina. Esta abuela empleó una buena cantidad de años de madre del dormitorio en una escuela en Japón donde le servía de madre a muchos jóvenes. «Ella lee fielmente su Biblia, es muy sincera y tiene una vida cristiana inquebrantable», dice Amy. «Aunque solo tiene tres nietos, ora diariamente por ellos. Yo la quiero mucho».

De su abuela Fox, ella dice: «Nana es tan sacrificada. Daría la vida por cualquiera de nosotros en la familia, y todos los días ora por sus ocho nietos. Aprendí a quererla y respetarla cada vez más. El hecho de que mis tres abuelas sean tan diferentes, me ha ayudado a ser una cristiana mejor observando el modo de vivir de cada una».

Dale Evans tenía treinta y cinco años cuando regresó a los preceptos de la enseñanza cristiana de su mamá, los cuales había aprendido a los pies de los abuelos. Ella nos cuenta acerca de uno de sus antepasados que sufrió encarcelamiento por predicar el evangelio en las calles, en lugar de hacerse partidario de lo que dictaban las iglesias de Inglaterra. Pero la cárcel no le impidió seguir predicando desde las ventanas de la celda a la gente que pasaba por debajo.

«Sus genes están muy fuertes en mí», escribió Dale. «Desde que Jesucristo se convirtió en mi Señor y Salvador, creo que su herencia es responsable de que yo declare la fe cristiana en medio de un espectáculo, incluso al costo de un contrato. El Señor nos ha dicho que construyamos nuestros hogares sobre la roca sólida... Si tenemos una herencia espiritual, tenemos un fundamento firme para resistir la confusión que nos rodea. No saldremos volando cuando las tormentas se desaten como suele suceder».[1]

La entrega

La hija de Billy y Ruth Graham, que también se llama Gigi, es la mayor de los cinco hijos que crecieron en una casa en las montañas de Carolina del Norte. Ella recuerda la fiel influencia de sus abuelos maternos, que vivían cerca. Allí, ella y sus hermanos pasaron muchos días placenteros. Se sentía libre para correr hasta un pequeño riachuelo y por un camino hasta la puerta trasera de la casa de sus abuelos, la cual nunca estaba cerrada. Como misioneros retirados, que ministraron durante muchos años en la China, la prioridad de ellos era estar allí para ayudar a criar los hijos de Ruth Graham. «Me esfuerzo en expresar lo agradecida que estoy por la influencia que mis abuelos ejercieron en mis valores y carácter», escribió Gigi unos años más tarde cuando se convirtió en madre de siete y abuela de quince.[2]

Aún recuerda las noches que pasaba en la casa de sus abuelos maternos. Temprano por la mañana se levantaba en una pequeña habitación del segundo piso y

---

[1] Dale Evans y Carole C. Carlson, *Our Values* [Nuestros valores], Revell, Grand Rapids, MI, 1997, p. 86.

[2] Gigi Graham Tchividjian, *Passing It On* [La entrega], McCracken Press, NY, 1993, p. 23. © Gigi Graham Tchividjian. Usado con permiso.

saboreaba el aroma del tocino, huevos y panecillos ca-
lientes que venía de la cocina de la abuela. A medida que
bajaba del segundo piso pasaba por la esquina de la sala,
donde siempre veía a su abuelo Bell orando arrodillado
frente a su gran sillón.[3]

Los otros abuelos (Graham) vivían en una casa de
campo de ladrillos rojos en una pequeña vaquería a solo
dos horas de distancia; Gigi y sus hermanos disfrutaban
ir allí de visita. La última vez que visitó con sus hijos a la
abuela Graham allá en la finca, Gigi fue muy apesadumbrada sabiendo que esa sería la despedida final.

Pero la frágil abuela de pelo blanco estaba radiante de
gozo al ver a los nietos y biznietos. Uno por uno fueron
todos hasta su cama. Ella los abrazaba con sus débiles
brazos repitiendo unos versículos especiales o bendi-
ciéndolos, y con una voz muy débil agregaba: «Pásalo al
otro». Murió unos días más tarde. La madre de Billy
Graham dejó una herencia espiritual a todos los de su linaje, una herencia espiritual que la sobrevive.[4]

Yo (Ruthanne) tengo dos hijastras cuyos abuelos de
ambas partes de la familia, le dejaron un maravilloso legado de fe en Dios. Melody, la hija más joven, nos cuenta
sus recuerdos de las dos abuelas:

Un símbolo de amor

Uno de los recuerdos de mi niñez es recibir una tarje-
ta felicitándome por mi cumpleaños que envió mi abuela
Rains con un billete de un dólar adentro. Como en ese
tiempo vivía en Sudáfrica ya que había salido de EE.UU.
a la edad de seis meses, no recordaba haber conocido a
esta abuela distante. Pero sí recuerdo que esta mujer que

[3] Ibíd, p. 69.
[4] Ibíd, p. 14.

me enviaba esto parecía conocerme y preocuparse por
mí, y expresaba su afecto de la única forma que sabía
hacerlo.

»Durante toda su vida y hasta que fue a un asilo de ancianos me envió, de vez en cuando, dinero en efectivo o
cheques con mayores cantidades. Ya sea que el dinero
fuera por mi cumpleaños o Navidad, gastos de estudio u
otras necesidades, sabía que el dinero era solo un símbo-
lo de su amor y oraciones por mí.

»Cuando mis padres regresaron de su misión en Sudáfrica, nuestra familia vivió en el sótano de la casa de
abuela Rain durante parte del año de mi primer grado.
Todas las mañanas después del desayuno, abuela se encontraba en su silla especial, leyendo la Biblia y orando.
Todos los demás sabíamos que el resto del día no seguiría adelante hasta que ella pasara su tiempo de oración y
lectura de la Biblia. De niña no le daba mucha importancia a sus sesiones de oración, pero luego, me convencí
de lo mucho que me beneficié gracias a sus oraciones.

»Después que murió mi mamá, cuando apenas teníamos siete años, mi papá nos llevó, a mi hermana y a mí, a
pasar muchos fines de semana en Kansas para visitar a
la abuela Rains, y también a la tía Eileen, que casi se convirtió en una madre sustituta para nosotros durante ese
año. Era un lugar seguro que nos parecía poseer la estabilidad en nuestro mundo al revés y era un lugar donde
nos sabíamos amadas.

»Para mí, abuela Rains siempre representó integridad. Cuando el negocio de abuelo prosperó y quiso cons-
truirle una casa nueva, ella insistió en que primero darían generosamente al nuevo edificio de la iglesia.
«Primero la casa de Dios, luego la nuestra», le dijo a él.
Cuarenta años más tarde, la pequeña congregación todavía disfruta los beneficios del orden de prioridades de
abuela.

»Durante años, aunque ella no podía asistir, insistió que el grupo de mujeres de la iglesia se reuniera en su casa para el estudio bíblico semanal, y regularmente hospedó a los predicadores y misioneros que venían de visita. De alguna forma siempre se las arregló para dar "extras" a los miembros de la familia y amigos. Cuando tuvo que mudarse a un asilo de ancianos y llegó el momento de desalojar su casa, era notable las pocas "cosas" que había que resolver.

»Ahora, cuando trato de encontrar un equilibrio entre las demandas de la familia, la iglesia y el trabajo, los recuerdos de la abuela Rains me vienen a la mente. Recordar su ejemplo me ayuda a concentrarme en las verdaderas prioridades. No importa si tengo mucho o poco, con tal de que todo esté rendido al Señor.

Los obstáculos no la detuvieron

»Abuela Garlock, por otra parte, quien con abuelo, fueron pioneros de la obra misionera en África a principios de los años mil novecientos veinte, era la heroína de todas mis historias favoritas de misioneros. Para mí ella representaba la idea: "Puedes hacer cualquier cosa que te propongas, con la condición que cuentes con Dios". Una vez asegurada de que Dios la estaba llamando para hacer algo, ella sabía que sucedería; el "cómo" del asunto era incidental.

»Las visitas de abuela y las historias que oí de ella dejaron una impresión perdurable en mí. Ruth Eveline Garlock comenzó como una simple maestra de escuela en Nueva Jersey, pero se hizo misionera para trabajar en África donde ninguna persona blanca había ido antes. En 1932, al regresar a África con su esposo y dos hijos, ella ayudó a crear un alfabeto para traducir la Biblia en el idioma de los Dagombas, una tribu al norte de Ghana.

»Abuela Garlock podía hablar muchos dialectos africanos, administraba los asuntos de una remota estación misionera, ganó el respeto de los miembros de las tribus africanas locales, dio clases a sus hijos, y se reía con más entusiasmo que ninguna otra persona que haya conocido, todo lo cocía, y lo hacía todo en un solo caldero, también enlataba albaricoque (o cualquier otra cosa del jardín de abuelo) en cantidades asombrosas. Conmovía a la gente con su predicación, resistió numerosos ataques de fiebre tropical, inspiraba a los jóvenes a convertirse en misioneros, cantaba con gusto una octava más baja que las demás mujeres, durante horas intercedía en oración y enseñaba la Biblia para que nunca la olvidaras.

»Nunca la intimidaron los obstáculos, sencillamente siguió la dirección de Dios a través de los noventa y nueve años de vida. Ahora, cuando me siento frustrada con la enseñanza de mis hijos y las cosas que ya no puedo hacer... Casi puedo oír a abuela recordándome que Dios puede hacerlo.

»Otro legado importante que me dejó fue su vida de oración y estudio de la Biblia. Durante sus años de retiro, mis abuelos eran conocidos por su "libro de oración", una simple libreta que contenía las peticiones de oración por las cuales oraban todos los días. Todos sus hijos y nietos estaban en la lista, con las necesidades específicas de cada uno. Amigos, pastores, misioneros, ministros y líderes gubernamentales también estaban incluidos. ¡Tener el nombre de uno en ese libro era un codiciado privilegio! Estoy convencida de que muchas de las bendiciones en mi vida actual son el resultado de los años constantes de oración de mis abuelos.

»Tengo la bendición de tener una de las muchas y muy marcadas Biblias de la abuela Garlock. Está gastada, manchada y subrayada, pero cómo disfruto estudiar los versículos que fueron especialmente importantes para ella, junto con las notas al margen. Dios era una realidad poderosa en su vida porque ella se sumergió en su Palabra, y las promesas de Dios la fortalecieron y sostuvieron. A veces me pregunto, ¿cómo puedo ser tan informal con esto?

»Mi rica herencia espiritual es una maravillosa bendición, aunque es difícil vivir el ejemplo que establecieron mis abuelas. Pero por ser verdaderas mujeres que conocí y quise, y no caracteres de un libro de historias, reconozco que si Dios pudo obrar en sus vidas, también puede obrar en la mía. Ruego que me sea posible pasar este legado a mis hijos y nietos».

Cuatro generaciones que se disfrutan mutuamente

Cuando los padres de Mitzi, ambos por los ochenta años, se mudaron cerca de nosotros, Dios le dio a la anciana pareja una visión fresca de la vida. Ahora, todos los domingos, cuatro generaciones se reúnen para comer después de ir a la iglesia, ya sea en un restaurante o en una de las casas. Cuando el grupo está en público, la gente se sonríe viendo a los biznietos correr para abrazar a Nana y Papa mientras la familia completa baja la cabeza para bendecir los alimentos.

«Tener a los abuelos y bisabuelos tan cerca significa que mis hijos tienen seis adultos diciéndoles cuán asombrosamente fabulosos son ellos», dice Roberta, la hija de Mitzi y madre de cuatro hijos. «Y ellos brindan una guía amorosa cuando los niños no son tan fabulosos. Los cuatro abuelos conocen de primera mano las necesidades de oración de mis hijos, pero también saben dónde están los pañales en mi casa. Mis hijos nunca tendrán que preguntarse cómo son abuelo o abuela ni Nana y Papa. Para ellos, abuela es una persona real que los besan y abrazan tiernamente y los impresionan haciendo como el Pato Donald. A veces, estoy muy cansada para reírme de sus chistes, pero no pasa así con abuela.

«Necesito a mis padres y abuelos, y diariamente agradezco al cielo que ellos estén tan cerca que los pueda tocar. Mis hijos han aprendido a cantar: *Have You Ever Gone a-Fishing?* [¿Alguna vez has ido a pescar?] mientras bailan alrededor de su bisabuelo (Papa) mientras él toca la guitarra, igual que una vez lo hice yo, y mi mamá antes que yo. ¡Qué legado tenemos!»

Una abuela hace una fiesta el día del cumpleaños de su fallecida madre. Invita a todos los nietos y entonces ella y sus padres cuentan historias acerca de la vida de su fiel matriarca. De esta manera los biznietos sienten que también la conocieron.

Un regalo de abuela

Yo (Quin) en el capítulo tres de este libro conté algo acerca de la relación de mi madre con mis hijos. Mi hija Quinett, la nieta mayor de la familia, siente que su abuela le impartió dos dones diferentes. Aquí está su historia:

«Un don que mamá Jewett me dio fue el de la hospitalidad. Ella siempre estaba alimentando a una multitud, y no solo para los almuerzos dominicales de la familia. Como se preocupaba por la gente, los reunía alrededor de la mesa por cualquier motivo, cumpleaños, celebraciones importantes, o para honrar un evento especial. Sabía que una mesa de comida reunía a la gente. Alrededor de la mesa se cimentaban las relaciones con los demás.

»Ya que nuestro Señor es un Dios de relaciones, todas nuestras amistades y familiares provienen de este pacto de conexiones. Y mamá Jewett sabía cómo hacer que esto sucediera. Se preocupaba no solo por enseñarme a cocinar, sino cómo disfrutar lo que cocino con la familia, amigos y todo el que visita nuestra casa. El don de la hospitalidad ahora ha pasado a la cuarta generación, mis hijos, a medida que trato de fomentar estas cualidades en ellos.

»El segundo don que recibí de ella es el de la alabanza y adoración. Aunque ella no tenía una voz de cantante profesional, mi abuela siempre tenía una colección de coros de alabanza que cantaba en voz alta. Unas navidades, cuando tenía ocho años, ella me dio una caja de instrumentos rítmicos. Al principio pensé que ese regalo debía ser para un niño más joven. Pero mis hermanos y yo usábamos esos instrumentos cuando hacíamos cultos de alabanza con mis padres en la casa. El que más nos gustaba a todos era la pandereta, y después cuando fuimos a la escuela bíblica, mi hermana y yo aprendimos a tocarla.

»Ahora mis hijos tocan estos mismos instrumentos rítmicos, aquí en nuestra casa y en la de mamá Quin. La importancia de la pandereta para mí es que mi abuela sabía algo acerca de la alabanza y adoración y también cómo tocar el trono celestial, y me lo impartió.

»A mi hija le puse Victoria Jewett para que este mismo don de hospitalidad y adoración continúe pasando hasta la próxima generación. Sé que mamá Jewett está en la gloria alentándonos para terminar la carrera en la tierra y llevar gloria al Señor».

Una carrera de relevos

La escritora Edith Schaeffer describe a la familia como un perpetuo relevo de la verdad. Ella escribe:

«Creo que podemos ver toda la carrera como una en la que la verdad debe pasarse cual bandera en una carrera de relevos», dice ella. «Somos responsables de "llevar la bandera" y ser muy cuidadosos para no dejarla caer, ni salirse de la pista, por nuestra responsabilidad con la próxima generación.

»Si los que conocían a Dios y tenían tanto que decirnos acerca de Él, siempre fuesen fieles y mantenido las reglas del relevo, no habría brechas. Cada generación aprendería de la anterior. Los padres y las madres les contarían a sus hijos e hijas. Debía haber un relevo perpetuo de la verdad sin interrupción.»[5]

Queremos hacer nuestra parte llevando la bandera en esta carrera para el futuro de nuestra familia, y esperamos que tú también compartas este deseo. Ojalá que cada uno de nosotros determine dejar un legado perdurable a los hijos de nuestros hijos, uno que siga hasta las generaciones que vendrán, un legado de amor, influencia espiritual y oración.

Oración

Señor, cuánto te agradezco la oportunidad de sembrar las oraciones por el futuro de mis nietos. Te ruego que ninguna de estas oraciones quede sin contestar. Pero tú las contestarás en tu tiempo y a tu manera perfecta. Te confío, Señor, a mis nietos y sus hijos. Gracias por la oportunidad que tengo de orar por ellos en tiempos buenos y en tiempos difíciles. Bendícelos con tu abundante amor. Te alabo por estos nietos que llenan y enriquecen mi vida. Amén.

Pasaje de ayuda

¡Pero tengan cuidado! Presten atención y no olviden las cosas que han visto sus ojos, ni las aparten de su

---

[5] Edith Schaeffer, *What Is a Family?* [¿Qué es una familia?] Baker, Grand Rapids, MI, 1975, pp. 105-107.

corazón mientras vivan. Cuéntenselas a sus hijos y a sus nietos.

Deuteronomio 4:9

Tú, Señor, eres mi porción y mi copa; eres tú quien ha afirmado mi suerte. Bellos lugares me han tocado en suerte; ¡preciosa herencia me ha correspondido!

Salmo 16:5-6

Mis labios pronunciarán parábolas
    y evocarán misterios de antaño,
cosas que hemos oído y conocido,
    y que nuestros padres nos han contado.
No las esconderemos de sus descendientes;
    hablaremos a la generación venidera
del poder del Señor,
    de sus proezas,
    y de las maravillas que ha realizado.

Salmo 78:2-4

Oración de las Escrituras

Señor, te pido que mis nietos [nombres] se despojen del lastre que los estorba, en especial del pecado que los asedia. Permite que corran con perseverancia la carrera que tienen por delante. Haz que fijen la mirada en Jesús, el iniciador y perfeccionador de nuestra fe, quien por el gozo que le esperaba, soportó la cruz, menospreciando la vergüenza que ella significaba, y ahora está sentado a la derecha del trono de Dios [Hebreos 12:1-2].

Citas bíblicas relacionadas al tema

Salmo 119:111; 127:3-5; Isaías 54:17; 61:8-9; Mateo 25:34; 2 Timoteo 1:5.

Epílogo

Cuando consideramos la influencia fiel en una familia, la «norma» por lo general es que los mayores pasen la herencia espiritual a los más jóvenes. Pero en algunos casos, son los jóvenes quienes influyen en sus mayores. Hace poco mi peluquera me contó una experiencia que tuvo cuando dos de sus nietas de tres años se pasaron la noche en su casa.

«A la mañana siguiente estábamos sentadas en el patio mientras comían cereal en una mesa de picnic», dice ella. «Estaba sentada en una silla de extensión con mis pies en alto cuando una abeja vino y se posó en mi tobillo y me picó. Soy alérgica a las picadas de abeja, así que enseguida pensé ir corriendo a la consulta del médico. "¿Ven este punto colorado que tiene el tobillo de Honey?", les pregunté a las niñas. "Ahí fue donde me picó la abeja, y en pocos minutos mi pie se va a poner colorado y se va a hinchar. Tendré que llamar a sus mamás para que vengan a recogerlas enseguida y así podré ir a ver al médico".

»Las dos primas corrieron hasta la silla para examinar la picada. «No, Honey, no», declaró Alex con insistencia, moviendo su cabeza. «¡Vamos a orar por ti y Jesús te sanará!

»Pusieron sus manos sobre mi tobillo, bajaron sus cabezas y oraron muy sencillamente, pidiéndole a Jesús que curara mi picada», nos cuenta Honey. «Cuando quitaron sus manos, la marca se había borrado, y nunca se inflamó como yo esperaba. Por el contrario, las tres pasamos un día juntas muy divertido. Les he venido enseñando que Jesús oye y contesta nuestras oraciones, pero me impactó su fe tan sencilla e ingenua».

247

Anna, una joven china amiga mía, fue la primera de todas, en su familia budista muy devota, en convertirse en cristiana. Se casó con un miembro de una familia cristiana y ella y su esposo Víctor, asisten a una iglesia denominacional en la cual él creció. Pasaron más de diez años antes de que tuvieran un hijo, que se llama Timothy, y quien de inmediato se convirtió en el gozo de toda la familia, especialmente de la anciana madre de Anna.

Durante años, Víctor y Anna oraron pidiendo que sus padres aceptaran a Cristo al mismo tiempo que les testificaban. Pero los padres eran intensamente fieles a las tradiciones religiosas de sus antepasados. Aunque en algunas ocasiones especiales habían visitado la iglesia de Victor y Anna, no se sentían cómodos asistiendo al edificio típico de una iglesia donde se mostraba una cruz.

«Después que nació Timothy, mis padres comenzaron a visitarnos todos los fines de semanas y a veces mamá se quedaba en nuestra casa», dice Anna. «Cuando me dijo que anhelaba quedarse más tiempo con su nuevo nieto, el Señor me dio una idea. Si en lugar de asistir a nuestra iglesia denominacional, comenzábamos a asistir a un grupo cristiano que se reunía en un salón de un hotel, tal vez mamá accediera a venir con nosotros. Y así fue, y papá no se opuso».

Cuando Anna llevaba a Timothy a la habitación del hotel que servía como el departamento de cuna, la abuela se quedaba con él. Sin embargo, las jóvenes que trabajaban en este departamento estaban preparadas para hacer algo más que cuidar a los bebés y pequeñitos. Contaban historias bíblicas acerca de Jesús y su amor, y les enseñaban a los pequeñitos algunos cantos sencillos. Pronto la abuela estaba oyendo las historias y aprendiéndose los cantos que luego le cantaba a Timothy.

«Cuando mamá tuvo que pasar una operación sencilla para sacarle un pequeño tumor en el cuello, le pedí a las tres obreras de la iglesia que oraran por ella», dice Anna. «El siguiente domingo, una de las obreras le dijo a mamá que estarían orando por ella cuando fuera al hospital. Entonces le preguntaron si quería invitar a Jesús a venir a su corazón».

La cariñosa jovencita y su simple presentación del evangelio conmovieron el corazón de la abuela budista y ella repitió una oración pidiéndole a Jesús que se convirtiera en el Señor de su vida. Dos días más tarde, los médicos descubrieron que la madre de Anna tenía una forma muy agresiva de cáncer y los tratamientos que le hicieron durante las próximas semanas no fueron efectivos. Sus días estaban contados, pero continuó asistiendo a los servicios de adoración con Anna y Victor, y pasó tanto tiempo como le fue posible con su querido nieto.

Durante sus últimos días de vida, uno de los hermanos de Anna ofreció traer a un ministro al hospicio para que orara por su mamá y la bautizara. «Mi hermano no es cristiano, pero en la iglesia ha oído de los milagros de sanidad, y su amor por mamá lo motivó a buscar ayuda del ministro», me dijo Anna. «Aunque no se sanara, mi hermano sabía que para mamá sería importante recibir el bautismo cristiano».

Cuando los miembros de los otros familiares vinieron a los funerales, se sorprendieron de ver que era un funeral cristiano. Muchos preguntaron: «¿Tu mamá se bautizó?» ya que para un budista, el agua del bautismo se considera una señal segura de que la persona es cristiana. Anna y todos sus hermanos y cuñadas sintieron satisfacción al poder decir: «Sí, mamá se bautizó».

Unas pocas semanas después del funeral, Anna recibió una llamada telefónica de una prima que le contó de un sueño que tuvo. «En mi sueño, un grupo de nosotros, incluyendo a tu mamá, andábamos juntos en una excursión, y el itinerario incluía una visita a un templo chino», dijo la mujer. «Cuando fuimos al templo, traté de darle a tu mamá algunos pebetes para quemarlos, sabiendo que ella siempre oraba cuando visitaba el templo. Pero esta vez me dijo: "No, no los quiero porque acepté a Jesucristo como mi Señor"».

Qué consuelo fue para Anna reconocer que su mamá está con el Señor, y que su pequeño Timothy fue el instrumento que Dios usó para llevar a su abuela a Jesús.

La realidad es que podemos animar a nuestros nietos mediante nuestro amor, oraciones y ejemplo. Pero la bendición completa el círculo, y vuelve para enriquecer nuestras vidas inmensurablemente.

Ruthanne Garlock

Apéndice

Impedimentos para orar

Anhelamos tener respuestas a nuestras oraciones, pero un estudio detallado de la Palabra de Dios nos dice que él tiene algunas condiciones para contestar nuestras oraciones. Tres de los mayores impedimentos para contestar oraciones son la incredulidad, la falta de perdonar y el pecado sin confesar.

Jesús habla de los dos primeros en Marcos 11:24-25: «Por eso les digo: crean que ya han recibido todo lo que estén pidiendo en oración, y lo obtendrán. Y cuando estén orando, si tienen algo contra alguien, perdónenlo, para que también su Padre que está en el cielo les perdone a ustedes sus pecados». Es una doble condición: Creer que Dios oye y luego perdonar.

Además nos motiva a arreglar las cuentas del alma con él: «Si confesamos nuestros pecados, Dios, que es fiel y justo, nos los perdonará y nos limpiará de toda maldad» (1 Juan 1:9).

Al comenzar cualquier momento de oración, es valiosa confesar alguna falta de perdón, actitud de crítica, odio, desencanto, incredulidad, o cualquier cosa que desagrade a Dios. Con las líneas abiertas para comunicarnos con el Padre, podemos esperar que recibiremos la respuesta a nuestras oraciones.

Sugerencia para un culto de dedicación de un bebé

Lo siguiente es el orden del culto de dedicación que usó LeRoy, el esposo de Quin, para su último nieto, y que se celebró en la casa de los padres de Ethan:

Padre, nos hemos reunido como miembros de la familia para presentarte y dedicarte a Ethan Kiel Sherrer. Agradecemos tu presencia en nuestros corazones. Reconocemos que tú ya conocías a Ethan aun antes de formarse, y nos hemos reunido para bendecirlo.

En Isaías 44:3 leemos: «Derramaré mi Espíritu sobre tu descendencia, y mi bendición sobre tus vástagos». Hoy nos basamos en esta promesa de que Dios derramará su bendición sobre Ethan.

Keith y Dana, ustedes vienen a dedicar al Señor a Ethan Kiel, de lo cual es testigo nuestra familia reunida alrededor de ustedes. Quiero pedirles que reafirmen su fe.

¿Reconocen a Jesús como el Señor y Salvador?

Respuesta: «Sí».

¿Prometen criar a Ethan según la disciplina e instrucción del Señor?

Respuesta: «Sí».

Venimos a presentar y dedicar a Ethan, rogando que «El Espíritu del Señor reposará sobre él: espíritu de sabiduría y de entendimiento, espíritu de consejo y de poder, espíritu de conocimiento y de temor del Señor» (Isaías 11:2).

Oremos: Padre celestial, te pedimos que mandes ángeles que protejan a Ethan, y que el Espíritu Santo lo instruya y guíe. Haz que Jesús siempre sea su mejor amigo. Haz que él, como Jesús, siga «creciendo en sabiduría y estatura, y cada vez más goce del favor de Dios y de toda la gente» (Lucas 2:52). Vénganos tu reino, y Señor que se haga tu voluntad en su vida. Amén.

¿Los miembros de la familia aquí reunidos prometen ayudar a Ethan a crecer en un ambiente cristiano?

Respuesta: «Lo haremos con la ayuda de Dios.»

Ethan, te unjo con aceite en el nombre del Padre, del Hijo y del Espíritu Santo, y pido a Dios que todos los días de tu vida te bendiga con sus más ricas bendiciones.

LeRoy toma a Ethan de los brazos de Keith, lo levanta ante Dios diciendo:

«El Señor te protegerá; de todo mal protegerá tu vida. El Señor te cuidará en el hogar y en el camino, desde ahora y para siempre» (Salmo 121:7-8).

«El Señor te bendiga y te guarde; el Señor te mire con agrado y te extienda su amor; el Señor te muestre su favor y te conceda la paz» (Números 6:24-26).

Señor, te damos gracias por este precioso niño. Haz que sea fuerte y saludable y que cumpla tus propósitos para su vida. Sellamos esta bendición en el nombre del Padre, del Hijo y del Espíritu Santo. ¡Amén!

Abuelos y padres en conjunto

Mi hijo, Keith, y su esposa Dana, oran con gran fervor por sus tres hijos pequeños. Un día mi nuera me trajo estas oraciones para que oráramos en conjunto con ella y mi hijo:

- Que su belleza sea más bien la incorruptible, que consiste en un espíritu suave y apacible (1 Pedro 3:4).
- Que obedezcan en el Señor (Efesios 6:1-2).
- Que el Señor conserve todo su ser —espíritu, alma y cuerpo— los proteja de peligros, daños y del maligno (1 Tesalonicenses 5:23; Salmo 91:14).

- Que tengan la plenitud de los frutos del Espíritu (Gálatas 5:22-24).
- Que sepan que Jesús es su mejor amigo y que a él todo se lo pueden contar.
- Que se enamoren del Señor y lo disfruten, y que además guíen a muchos a amarlo.
- Que reconozcan que mamá y papá los aman y aceptan a pesar de lo que hagan.
- Clamamos por la salvación y redención de sus vidas.
- Pedimos que tengan discernimiento y sabiduría para escoger caminos rectos.
- Pedimos que a dondequiera que vayan puedan influenciar a otros hacia el bien y hacia Dios.
- Pedimos que, en cualquier época de sus vidas, el Señor les dé amigos buenos que los motiven en el Señor.
- Oramos el Salmo 121, que el Señor sea su protector.
- Pedimos que muy temprano en sus vidas conozcan el propósito de Dios para el futuro, y que como padres y abuelos cuidemos con sabiduría de esos propósitos y dones.
- Pedimos que el Señor reserve el uno para el otro a sus futuros(as) cónyuges y que sus cónyuges se críen en hogares cristianos y escojan caminos de rectitud.[1]

[1] Adaptado de Quin Sherrer y Ruthanne Garlock, *How to Pray for Your Children,* Regal, Ventura, CA, 1998, p. 233.

Muestra de una página de un diario de oración

Nombre del niño(a):_____.

Gracia, Señor, porque sabes muy bien los planes que tienes para [nombre], planes de bienestar y no de calamidad para [él (ella)], a fin de darles un futuro y una esperanza. Te pido que mi nieto no siga el consejo de los malvados, ni se detenga en la senda de los pecadores ni cultive la amistad de los blasfemos. Permite que [él (ella)] se deleite en la ley del Señor y día y noche medite en ella [Jeremías 29:11; Salmo 1:1-2].

Padre, haz que [nombre], como tu Hijo Jesús crezca en sabiduría y estatura, y que cada vez más goce del favor de Dios y de toda la gente que encuentre. Dale un oído atento para escuchar la corrección de su padre. Ayúdale a prestar atención para que adquiera inteligencia [Lucas 2:52; Proverbios 4:1].

Haz que el Espíritu del Señor repose sobre mi nieto(a) [nombre], el espíritu de sabiduría y de entendimiento, espíritu de consejo y de poder, espíritu de conocimiento y de temor del Señor. Te pido que el Dios de nuestro Señor Jesucristo, el Padre glorioso, le dé el Espíritu de sabiduría y de revelación, para que lo conozca mejor, para que por fe Cristo habite en sus corazones. Y pido que estén arraigados y cimentados en amor [Isaías 11:2; Efesios 1:17; 3:17].[2]

[2] *Ibid.*, p. 46.

Afirmaciones

Una abuela afirma en voz alta lo que dice la Palabra de Dios acerca de cada uno de sus nietos a medida que los nombra: Joshua, Jeremiah, Jacob y Abigail. Ella agradece al Señor que sus nietos:

- están transformados mediante la renovación de sus mentes (Romanos 12:2)
- son salvos por gracia (Efesios 2:8-9)
- están fortalecidos con el poder mediante su Espíritu en el hombre interior (Efesios 3:13; Hebreos 10:19-22)
- están redimidos y perdonados de sus transgresiones mediante su sangre conforme a las riquezas de la gracia que Dios nos dio en abundancia con toda sabiduría y entendimiento (Efesios 1:7-8; Colosenses 1:2)
- son más que vencedores por medio de Cristo que nos amó (Romanos 8:37)
- Dios los llamó a una vida santa (2 Timoteo 1:9; Hebreos 3:1)
- son hechura de Dios, creados en Cristo Jesús para buenas obras (Efesios 2:10)
- están arraigados y edificados en él (Colosenses 2:7)
- son libres del dominio de la oscuridad y los trasladó al reino de su amado Hijo (Colosenses 1:13)
- tienen un espíritu de poder, de amor y de dominio propio (2 Timoteo 1:7)
- tienen vida eterna (Juan 3:16)
- todo lo pueden en Cristo que los fortalece (Filipenses 4:13).